ELISABETH MECKLENBURG

MEIN 🍎 CITY OBSTGARTEN

Fruchtiges Naschvergnügen für
Balkon & Terrasse

INHALT

4 Vorwort

6 PLANUNG –
jedem sein eigener Obstbalkon

8 Bahn frei für Cityobst

14 BASICS –
Obstgärtnern ohne Garten

16 Werkzeug & Co.

17 Substrate für Topfgärten

20 Pflanzgefäße

22 Pflanzenkauf –
darauf sollten Sie achten

24 Pflanzung

28 Mulchen

30 Gießen

32 Richtig düngen

37 Natürlicher Pflanzenschutz

40 KLEIN, ABER FEIN –
die besten Sorten für Gefäße

42 Mit Maß und Ziel –
Obstgewächse auswählen

47 Der richtige Schnitt

52 Kern- und Steinobst

53 Äpfel

56 Birnen

58 Pflaumen, Zwetschgen & Mirabellen

60 Aprikosen & Mandeln

61 Pfirsiche & Nektarinen

64 Süßkirschen & Sauerkirschen

66 Beerenobst und Reben

69 Weintrauben

70 Himbeeren

72 Brombeeren

74 Johannisbeeren

76 Stachelbeeren & Jostabeeren

78 Heidel- & Preiselbeeren

82 Erdbeeren

84 Exoten

86 Zitrusobst auf Sommerfrische

88 FRUCHTPARADIESE –
für jeden etwas

90 Naschbalkon für Kinder

94 Erdbeerbalkon für Liebhaber

98 Grüne Wände zum Genießen

102 Bauerngartenbalkon

108 Süße Früchtchen

114 Powerstoffe aus dem Topfgarten

118 Mediterranes Feeling

122 Exotenbalkon

126 Tier- & Insektenparadies

132 **Nachwuchs auf dem Obstbalkon**

134 OBSTGARTENPRAXIS
durch das Jahr

136 Der Start ins Frühjahr

140 Hochsaison im Sommer

144 **Erntekalender Obstgarten**

146 Herbstzeit

148 Winterschutz für den Cityobstgarten

153 **Winterquartier de luxe**

154 Register

157 Adressen und Bücher,
die Ihnen weiterhelfen

159 Über die Autorin

159 Bildnachweis

160 Impressum

VORWORT

Seit nunmehr acht Jahren besitze ich glücklicherweise einen Balkon, auf dem ich neben Blumen, Gemüse und Kräutern auch verschiedene Obstsorten anpflanze. Ich war damals sehr erfreut darüber, zusätzlich zu meiner Wohnung auch endlich etwas zu haben, wo ich frische Luft genießen darf, aber es erschien mir wiederum zu schade, meinen Freiluftbereich nur zum Wäschetrocknen zu benutzen. Nein, ich wollte es grün und bunt haben und so kam ich seinerzeit ganz spontan auf die Idee, den genannten Pflanzengruppen auf meinem Balkon ein neues Zuhause zu geben. Manch einer, der von meinem Vorhaben erfuhr, schüttelte nur mit dem Kopf, weil er sich das nicht vorstellen konnte. Zunächst hatte ich einen reinen Südbalkon, etwa zwei Jahre später, als ich ins Nachbarhaus zog, da dort eine etwas größere Wohnung frei wurde, war es dann ein halbschattiger Balkon.

Und siehe da: Meiner Erfahrung nach gedeihen Obstgehölze und -pflanzen auf einem Balkon ganz wunderbar – und dementsprechend natürlich auch auf einer Terrasse. Wenn man nur ein paar wenige Dinge beachtet, kann man sich sogar über eine richtig gute Ernte freuen. Um Sie auf den Geschmack von eigenem Obst auf Balkon oder Terrasse zu bringen und Ihnen das Anpflanzen Ihrer Lieblings-Obstsorten ein wenig zu erleichtern, dafür ist dieses Buch gedacht. Vor acht Jahren, als ich mit der Bepflanzung meines Balkons begann, hatte ich absolut keine Ahnung. All mein Wissen habe ich mir im Laufe der Jahre angeeignet, besonders auch dadurch, dass ich vieles einfach ausprobiert habe. Es kommt einfach auf den Versuch an. Sie werden sehen, dass es gar nicht so schwer ist, einen eigenen Cityobstgarten anzulegen – fangen Sie einfach an. Auch wenn Sie sich damit auf komplettes Neuland begeben sollten, so werden Sie doch viel Spaß und Freude daran haben. Dabei ist es gar nicht einmal so ausschlaggebend, ob Sie einen großen oder eher kleineren Balkon besitzen, mit etwas Geschick lässt sich auch mit wenig Platz einiges umsetzen. Natürlich sollten Sie nicht erwarten, regelmäßig kiloweise Früchte zu ernten – obwohl das bei einigen Beerensorten durchaus der Fall sein kann. Beim Cityobstgarten geht es in erster Linie darum, Freude am Stadtgärtnern zu haben, und auch darum, eigenes Obst zu ernten und zu genießen. Gerade in Großstädten, wo der Blick vom Balkon oftmals auf eintönige und manchmal sogar schäbige Häuserfronten gerichtet ist, können Sie sich mit Ihrem Cityobstgarten ein kleines Idyll schaffen. Eine grüne Oase, die zum Abschalten und Entspannen einlädt und die Ihnen zudem noch leckeres und gesundes Obst aus Ihren eigenen Töpfen beschert. Wer einmal selbst angebautes Obst probiert hat, reif geerntet und frei von Pestiziden, der wird in Zukunft nichts anderes mehr haben wollen. Äpfel, Birnen, Pflaumen oder Beeren, die auf gutem Substrat wachsen und mit natürlichem Dünger versorgt werden, sind dem herkömmlichen Obst aus dem Supermarkt geschmacklich bei Weitem überlegen. Testen Sie es! Darüber hinaus hat Cityobst auch unter gestalterischem Aspekt einiges zu bieten. So schafft beispielsweise eine Reihe aus verschiedenen Säulenobstsorten nicht nur eine größere Ernte, sondern auch willkommenen Sichtschutz zum Nachbarn. Ganz zu schweigen von rankenden Sorten wie Kiwis oder Weinreben, die in null Komma nichts Gerüste, Spaliere, Balkongeländer oder ganze Wände begrünen und obendrein mit ihrem Fruchtbehang zum Naschen einladen. Es gibt so viele Möglichkeiten, auch bei geringem Platzangebot das eigene Obst auf dem Balkon gedeihen zu lassen. Bei wenig Fläche nutzen Sie einfach die Vertikale. Und seien Sie gewiss: Für jeden Anlass gibt es passende Pflanzen. Lassen Sie sich inspirieren …

Ihre Elisabeth Mecklenburg

PLANUNG –
jedem sein eigener Obstbalkon

Es ist gar nicht so schwer, einen Cityobstgarten anzulegen, es ist noch nicht einmal so sehr die Frage, ob Sie einen großen oder einen kleinen Balkon haben. Mit etwas Geschick lässt sich auch bei wenig Platz Vielfalt und eine reiche Ernte gestalten. Wichtig ist jedoch, dass Sie sich einen guten Plan zurechtlegen, ehe es richtig losgeht: Wie ist der Standort? Wie viel Platz habe ich? Wie viel Arbeit will ich mir machen? Welche Sorten passen zusammen und kommen im Topfgarten zurecht? – Und natürlich entscheidet Ihr persönlicher Geschmack bei der Auswahl der Sorten kräftig mit.

———

BAHN FREI FÜR CITYOBST

Stadtbalkone sind zumeist nur wenige Quadratmeter groß. Kein Grund, sie nicht in eine Naschobstoase zu verwandeln – und das auf verschiedenen Etagen. Damit der Plan gelingt, sind folgende Faktoren ausschlaggebend: Licht, Luft und Ihr Einfallsreichtum!

Gesunde Pflanzen, ein vielfältiges Angebot und eine reiche Ernte – das ist der Traum jedes Cityobstgärtners. Inwieweit sich dieser für Sie erfüllt, hängt von verschiedenen Faktoren ab: Neben dem richtigen Quantum Licht und ausreichend Platz zur Entwicklung entscheiden auch die Auswahl geeigneter Sorten und deren Kombination über den Erfolg. Nicht zu vergessen: die regelmäßige Pflege (→ Seite 30 ff.). Die Ansprüche der Pflanzen an den Boden sind für Topfgärtner dagegen das kleinere Problem, denn diesen kann man ja glücklicherweise über die Wahl des passenden Substrats (→ Seite 17) entgegenkommen.

VON LICHT UND SCHATTEN

Als Erstes gilt es, den Standort auf Balkon oder Terrasse realistisch einzuschätzen, denn je besser die Lichtverhältnisse zum Naturstandort der Pflanze passen, desto besser gedeiht sie. Fein raus sind Citygärtner, die über einen vollsonnigen Balkon verfügen. Dort wachsen fast alle Obstsorten optimal. Andere, wie etwa Kulturheidelbeeren, Waldheidelbeeren oder auch Himbeeren, leiden dagegen unter zu viel praller Sonne. Wer dennoch nicht auf diese süßen Beeren verzichten will, sollte viel gießen und mit Markise oder Sonnenschirm für ausreichend Schatten sorgen. Bei Balkonen in halbschattigen Lagen muss man die Obstpflanzen sorgfältiger auswählen. Absolute

Sonnenanbeter wie Exoten, Weinreben oder Südfrüchte werden sich hier schwertun, entscheiden Sie sich darum besser für Sorten, die auch etwas weniger Licht und Wärme tolerieren. Dazu zählen diverse Beeren, aber auch die eine oder andere Stein- bzw. Kernobstsorte gedeiht im Halbschatten noch ganz gut, Wachstum und Reifeprozess benötigen eben nur deutlich mehr Zeit.

Beachten Sie zudem den Schattenwurf von Überdachungen, Seitenwänden und anderen baulichen Elementen. Ihr Einfluss auf die Standortbedingungen ist erheblich! Besonders gut zeigt sich das am Beispiel der Erdbeeren: Mein Sohn hat einen vollsonnigen Südbalkon ohne Dach, also ein regelrechtes Sonnenparadies. Der Balkon meiner Nachbarin, eine Etage seitlich über mir, ist wie meiner halbschattig, aber nicht überdacht. Während mein Sohn dicke, saftige und zuckersüße Früchte ohne Ende ernten kann, habe ich auf meinem Balkon vielleicht ein Drittel seiner Ernte, bei gleicher Anzahl und Sorte der Pflanzen. Auch der Ertrag meiner Nachbarin, deren Balkon durch die fehlende Überdachung drei bis vier Stunden mehr an Sonne abbekommt als meiner, setzt früher ein und ist deutlich reichhaltiger als bei mir. Entscheidend dabei ist, dass auch das Pflanzgefäß ausreichend Licht und Wärme abbekommt, denn Pflanzen reagieren samt und sonders vornehmlich auf die Bodenwärme. Haben sie kalte Füße, wachsen und fruchten sie weniger, egal, wie viel Sonne sie obenherum abbekommen.

Bei einer Ost- oder Nordausrichtung macht es dagegen absolut keinen Sinn, Obstgehölze anzupflanzen, da kaum bis gar keine Sonne vorhanden ist. Doch auch für schattige Standorte gibt es einen kleinen Hoffnungsschimmer! Schließlich dürften Balkone und Terrassen, die exakt nach Norden ausgerichtet sind, eher eine Seltenheit sein, einige wenige Sonnenplätze, zumindest für ein paar Stunden, gibt es fast immer. Eventuell können Sie es dort mit Früchten versuchen, die in der Natur an lichten Waldrändern zu finden sind, wie beispielsweise Waldheidelbeeren oder wilde Heidelbeeren (→ Service, Seite 158). Suchen Sie in solchen Fällen den bestmöglichen Standort, indem Sie die Töpfe auf Hocker oder Bänke stellen, damit mehr Sonne auf das Substrat fällt.

WIE VIELE PFLANZEN?

Gartencenter sind ein Ort der Versuchung. Die Verlockung, zu viel zu kaufen, ist groß, wenn Sie planlos unterwegs sind und nicht wissen, was Sie genau anpflanzen wollen. Man möchte dies oder jenes noch unbedingt haben und allzu schnell ist dann vergessen, dass die Bäumchen mit der Zeit noch um einiges an Volumen zunehmen. Zu Hause angekommen stellt sich dann die Frage: »Wo soll ich das bloß alles unterbringen?« Planen Sie deshalb die Bepflanzung Ihres Cityobstgartens im Voraus! Das ist wichtig, ich möchte Ihnen das aus eigener Erfahrung ans Herz legen.

Den Platz realistisch einschätzen

Ab Seite 88 finden Sie bei den »Fruchtparadiesen« nicht nur Anregungen, wie Sie Obstsorten gut kombinieren, sondern auch beispielhafte Pflanzpläne. Daraus lässt sich abschätzen, wie viele Pflanzen auf einem Balkon oder einer kleinen Terrasse wirklich gut Platz haben. Messen Sie in jedem Fall die vorhandene Fläche aus und achten

Sie zudem darauf, an welchen Stellen Pflanzen Halt finden können (Hauswand, Balkongeländer, frei stehend mit Klettergerüst). Und zeichnen Sie in Ihren Plan die maximale Größe der Pflanze ein. So klein sie beim Kauf auch erscheinen mag, es sieht nur so aus, als hätte noch mehr Platz. Das Schöne an Obstgehölzen ist ja, dass die meisten viele Jahre alt werden können. Es wäre doch schade, wenn Sie nach kurzer Zeit Pflanzen aussortieren müssen, weil Ihr zu üppig geplanter Topfobstgarten zu schwer oder zu eng wird.

Auch die Gefäße müssen genug Sonne abbekommen. Denn Pflanzen reagieren vor allem auf Bodenwärme mit Wachstum.

Mit kleinen Balkonkästen lässt sich ganz einfach ein vertikales Erdbeerbeet gestalten. Die beliebten Früchtchen kommen auch mit weniger Substrat aus.

Ob kleine Bierzeltbänke, Pflanzentreppen oder wie hier stabile Tische: Dank erhöhter Logenplätze bekommen mehr Gewächse einen Platz an der Sonne.

MEHR PLATZ AUF KLEINER FLÄCHE

Nicht jeder hat einen großen Balkon oder eine geräumige Terrasse, doch es gibt einige Möglichkeiten, um mehr Anbaufläche zu schaffen. Was einen guten Platz ausmacht? Genug Sonne! Die richtig guten Plätze können also selbst auf einer mittelgroßen Fläche eher rar sein. Wer wie ich nur einen kleinen überdachten und obendrein halbschattigen Balkon hat, muss die wenigen guten Plätze mit noch dazu wenig Sonnenstunden für seine Gewächse optimal nutzen. Das funktioniert am besten über die Vertikale.

Vertikale Pflanzsysteme

Eine Möglichkeit ist, die Wände als Fläche zu nutzen und auf mehreren Ebenen zu arbeiten. Ob Pflanztaschen, -regale und -treppen oder Pflanztürme (zum Beispiel aus mehreren übereinandergestapelten Balkonkästen) und Blumenampeln – diese Art von vertikalen Systemen ist eher für klein bleibende Pflanzen bestimmt. Man sieht sie zumeist mit Salaten und Kräutern bestückt. Als Naschobst eignen sich vornehmlich Erdbeeren, es gibt aber auch spezielle Himbeer- und Brombeerzüchtungen für kleine Gefäße.

In mehreren Ebenen

Terrassen- und Stockwerk- bzw. Etagenanbau kennen Sie vielleicht aus der Landwirtschaft. Bei beiden Anbaumethoden können Topfgärtner sich etwas abschauen: Vielleicht haben Sie ja auch die Möglichkeit, auf zwei Ebenen anzupflanzen, je nachdem, was Balkon oder Terrasse hergeben? Beim **Terrassenanbau** vergrößert man vor allem die sonnenbeschienene Fläche. Stünden die Pflanzen in mehreren Reihen hintereinander, bekämen die hinteren Plätze viel zu wenig Licht. Ähnliches gilt für gerade Pflanztürme und Regale: Unten herrscht Lichtmangel, weil die oberen Pflanzen Schatten werfen. Also arbeitet man mit mehreren

Ebenen in unterschiedlicher Höhe hintereinander. Klassischerweise kennen Sie das sicher von Pflanztreppen oder -pyramiden. Es gibt aber noch mehr Möglichkeiten und Beweggründe, wenn etwa eine gemauerte, lichtundurchlässige Balkonbrüstung oder Terrassenabgrenzung für ungünstige Lichtverhältnisse in Bodennähe sorgt. Am Beispiel meines Balkons kann ich Ihnen verschiedene Problemfälle und Lösungen zeigen.

Gut verankert

Der Platz oben auf der Brüstung ist fast immer der sonnigste, normalerweise gibt es aber gerade dort keine Stellfläche, denn Balkonkästen haben zumeist nicht das passende Volumen für die Wunschpflanze. Sie können jedoch einzelne größere Gefäße einhängen oder aber eine **zusätzliche Stellfläche** schaffen: So habe ich meine gemauerte, nur 12 cm breite Balkonbrüstung mit einem stabilen und sicher befestigten Brett auf 40 cm verbreitert, sodass ich auch dort Kübel hinstellen kann. Es ist ratsam, das Brett mit einer Gartentischdecke oder mit anderen wasserdichten Materialien zu überziehen, alternativ können Sie es auch mit Wetterschutzfarbe streichen. Auf der Brüstung finden eher kleine Obstsorten wie niedrig wachsende Johannisbeersträucher, Zwergobstbäumchen oder auch der bepflanzte Paul Potato Platz, da dieser eine sehr gute Standfestigkeit hat. Mein Katzenschutznetz stellt auf meinem Balkon sicher, dass die Pflanzen nicht herunterfallen können. Falls Sie auf Ihrem Balkon ähnliche Erweiterungsmaßnahmen planen, empfiehlt es sich, dies mit Ihrem Vermieter oder der Hausverwaltung abzusprechen. In jedem Fall müssen alle Auf- und Anbauten absolut sicher befestigt werden, sodass nicht einmal ein Sturm Teile losreißen oder Töpfe zum Absturz bringen kann. Verläuft unter Ihrem Balkon ein Fußweg oder anderweitiger Parteienverkehr, ist es sicher nicht ratsam und meist auch verboten, die Brüstung mit Töpfen zu bestücken.

Die »Großen« nach hinten

Größere Gewächse mit entsprechend mehr Gewicht gehören in die hinteren Reihen, hinter die Brüstung oder auf den Boden vor der Hauswand. Gerade Bäumchen und Sträucher bieten sich hier an, weil sie ja oft vor allem in die Höhe wachsen. Es muss aber bedacht werden, dass auch bei den »Großen« nicht nur Blüten, Früchte und Blätter Sonne brauchen. Topf und Substrat müssen gleichfalls genug Licht und Wärme abbekommen. Das ist besonders bei massiven, gemauerten Brüstungen ein Problem. Deshalb nutze ich für den unteren Bereich hinter der Brüstung **Mini-Bierzeltbänke** mit einer Länge von 110 cm. Somit habe ich oben auf der Balkonmauer mehrere Kübel stehen, dazu die gleiche Anzahl Kübel auf der Bank. Insgesamt kann ich dadurch also die doppelte Menge an Gewächsen unterbringen.

TRAGLAST BEACHTEN

Insbesondere bei einem Balkon gilt es, das Gewicht der Bepflanzung im Auge zu behalten. Kübel, Substrat, Pflanzen, Gießkannen, dazu das Mobiliar – da kommt schnell eine ganze Menge Gewicht zusammen. Obendrein fasst das Substrat eine Menge Wasser und nasse Erde ist schwer. Nicht jeder Balkon ist dafür ausgelegt, mehrere bepflanzte Kübel von 1 m Durchmesser zu tragen. Bei Obstpflanzen sollten Sie zudem immer bedenken: Anfangs sind Ihre Gehölze und Sträucher klein. Zehn Jahre später sieht die Situation dann schon ganz anders aus. In der Regel benötigen Sie dann Gefäße mit 50–70 oder gar 80 l Volumen. Auch in dieser Hinsicht ist also Weitblick gefragt!

Vor dem Balkongeländer, das die gemauerte Brüstung gitterartig unterbricht, steht eine weitere Bierzeltbank, da auch dort noch ein wenig Sonne hinkommt. Nicht zuletzt hängen an der Außenseite der Vorderfront noch zwei Balkonkästen für die zierlichen Gewächse, sodass ich trotz meines recht kleinen Balkons (2,40 × 1,60 m) doch einiges an Pflanzen unterbringen kann.

Bierzeltbänke haben übrigens noch weitere Vorteile: Sie sind stabil, halten etliches an Gewicht aus und sind bei Bedarf schnell zusammengeklappt und platzsparend verstaut. Oder man verwendet sie beim Überwintern der Gewächse als Unterlage für die Kübel, sodass die Pflanzgefäße nicht direkt auf dem kalten Boden stehen. Das zusammengeklappte Metallgestell sorgt für zusätzlichen Abstand zum Untergrund.

PFLANZENSITTER

Pflanzen machen keinen Urlaub: Gerade im Hochsommer ist es enorm wichtig, dass Ihre Zöglinge regelmäßig mit Wasser versorgt werden. Je nachdem, wie heiß es ist, kann dies durchaus auch zweimal täglich erforderlich sein. Darum sollten Sie sich vorab Gedanken machen, wer Ihre Pflanzen versorgt, wenn Sie aus beruflichen Gründen immer mal wieder unterwegs sind oder wenn Sie in Urlaub fahren. Falls Sie nicht allzu lange fort sind, leistet ein automatisches Bewässerungssystem gute Dienste (→ Seite 31). Bei einer längeren Abwesenheit von mehreren Tagen sollten Sie Personen im Umfeld haben, die sich in der Zwischenzeit gut um Ihre Pflanzen kümmern. Es wäre zu schade, wenn nach Ihrer Rückkehr alles vertrocknet ist.

Nach Wuchs gestaffelt

Es gibt noch eine weitere Möglichkeit, auf zwei Ebenen zu arbeiten: Der **Stockwerkanbau** ist eine traditionelle Methode der Permakultur, bei der in Anlehnung an natürliche Pflanzengemeinschaften verschieden große Sorten auf kleiner Fläche angebaut werden. Durch die unterschiedliche Wuchshöhe behindern sich die Pflanzen nicht gegenseitig. Auch dieses Prinzip können Sie für die Topfkultur nutzen, indem Sie die großwüchsigen Vertreter unterpflanzen. Besonders Obstbäumchen bieten sich hier an, denn sie lassen genug Licht durch und oftmals freuen sie sich sogar über den schattigen Fuß. Darum finden Sie im Buch immer wieder Vorschläge für geeignete Kombinationen.

DER ZEITFAKTOR

Überlegen Sie sich schon im Vorfeld, wie viel Zeit Sie für Ihr Stadtgärtchen zur Verfügung haben und aufbringen wollen. Für Planung, Anschaffung und Gestaltung Ihres Topfgartens sollten Sie sich grundsätzlich etwas mehr Freiraum nehmen, der tägliche Pflegeaufwand im Anschluss hält sich dann aber in Grenzen. Doch auch Pflanzen wollen versorgt sein. Wichtig ist insbesondere das regelmäßige Gießen, zudem müssen verdorrte Ästchen oder abgestorbene Blätter entfernt werden. Dabei kann man dann auch gleich überprüfen, ob Schädlingsbefall vorhanden ist.

Der für die tägliche Pflege erforderliche Zeitaufwand bemisst sich zum einen an der Menge der Pflanzen, die Sie zu versorgen haben, zum anderen an der Art der Tätigkeiten, die zu verrichten sind. So sind für das Gießen und Ausschneiden der Pflanzen durchschnittlich 15–30 Min. zu veranschlagen, bei Schädlingsbefall kann es auch mal mehr als eine halbe Stunde dauern. Legen Sie sich also nur so viele Pflanzen zu, wie Sie umsorgen können und möchten, ganz egal, ob Platz für mehr Pflanzen vorhanden wäre. Auch Sie sind ein bestimmender Planungsfaktor!

Baumschulen bieten eine riesige Auswahl qualitativ hochwertiger Pflanzen. Eine Einkaufsliste schützt nicht nur vor Gelegenheitskäufen, Sie können sich auch ganz gezielt Ihre Wunschsorte bestellen.

VON DER WUNSCHLISTE ...

Erstellen Sie zunächst eine Liste der Obstarten, die Sie gerne haben möchten. Suchen Sie dann die Sorten heraus, die von ihren Ansprüchen her zu Ihrem Standort passen und notieren Sie deren genaue Bezeichnung, dazu den Umfang, den die Gehölze ausgewachsen erreichen können. Die Wuchshöhe spielt weniger eine Rolle, da Sie das Bäumchen oder den Strauch in den meisten Fällen so zuschneiden können, dass es von der Höhe her passt. Wichtiger ist zu wissen, welche Fläche die Gewächse mit der Zeit beanspruchen werden. Ab Seite 52 werden viele für den Balkon geeignete Pflanzen vorgestellt, die für die Planung nötigen Infos finden Sie in den zugehörigen Tabellen.

... ÜBER DEN STELLPLAN ...

Ist die Wunschliste erstellt, fertigen Sie anschließend eine maßstabsgetreue Skizze Ihres Balkons an und überlegen, welche Pflanze von Ihrer Liste an welcher Stelle ihren Platz bekommen könnte. Ebenso sollten Sitzplätze und alle anderen Einrichtungsgegenstände, die auf Ihrem Balkon vorgesehen sind, im Plan verzeichnet sein. Dazu können Sie aus Papier Kreise in unterschiedlichen Größen als Platzhalter für Pflanzen, Mobiliar und sonstiges Zubehör ausschneiden, besonders, wenn Sie viele Wünsche und Ideen haben. Und schon geht's los mit dem Umstellen, Hin- und Herschieben, Ausprobieren, bis Sie schließlich eine realistische Auswahl getroffen haben.

... ZUR EINKAUFSLISTE

Spätestens wenn Sie Stellplan und ursprüngliche Wunschliste vergleichen, werden Sie feststellen, dass Letztere sich deutlich reduziert hat. Notieren Sie also genau, welche Anzahl von Pflanzen tatsächlich Platz hat, und schreiben Sie sich für jeden Stellplatz die genaue Bezeichnung der Sorten auf, die dafür infrage kommen: Manch einer bevorzugt vielleicht eine ganz bestimmte Säulenapfelsorte, ein anderer ist flexibler, dann ist es gut, beim Einkauf alle geeigneten Säulenapfelsorten namentlich parat zu haben. Sicher, die Erstellung der Listen kostet Zeit, doch es lohnt in jedem Fall, sich diese zu nehmen. Nur so vermeiden Sie Fehlkäufe. Denn wohin mit den Pflanzen, für die zum Schluss kein Platz mehr vorhanden ist?

Petits fruits & Cie
pour terrasse & balcon

MÛRE
COMPACTE LITTLE BLACK PRINCE®

MI-AOÛT À SEPTEMBRE
Bon rendement, fruit de taille moyenne

Miam Miam !
FRUIT DOUX, SANS ÉPINES

U SOLEIL / MI-OMBRE

CERDYS

BASICS –
Obstgärtnern ohne Garten

*Das Gärtnern in Gefäßen funktioniert anders als im Garten.
Nicht nur die Pflanzen, auch die Werkzeuge sind etwas kleiner
und in ihrer Anzahl überschaubar. Dafür gibt es eine große
Vielfalt an Gefäßen und Substraten, die Sie kennen und auswäh-
len müssen. Welche davon sind für die oftmals mehrjährigen
Obstpflanzen am besten geeignet? Wie pflanzen, mulchen, gießen,
düngen Sie richtig? Wie erhalten Sie Ihre Pflanzen mit natürlichen
Mitteln gesund und versorgen sie bei Schädlingsbefall und
Krankheit? All das erfahren Sie in diesem Kapitel.*

———

WERKZEUG & CO.

Weniger ist oft mehr, insbesondere dann, wenn der Platz knapp ist. Geräte für den Topfgarten sind kleiner als im Freiland und idealerweise multifunktional. Wenn dann auch noch die Qualität stimmt, können Sie gut und lange damit arbeiten!

Damit Sie lange Freude daran haben, sollte Ihr Gartenwerkzeug vor allem stabil sein, gut in der Hand liegen und solide verarbeitet sein.

- **Kleingeräte-Set:** *Unverzichtbare Helfer sind ein kleines, aber stabiles Schäufelchen zum Ausheben der Pflanzlöcher und ein Rechen zum Lockern der Erde. Im Handel gibt es mehrteilige Kleingeräte-Sets, die gerade für das Werkeln auf dem Balkon ideal sind. Zu empfehlen sind Werkzeuge mit Holzgriff und auswechselbarem Metallaufsatz, da diese sehr langlebig und robust sind.*

DIE RICHTIGE PFLEGE

Reinigen Sie sämtliche Behältnisse oder Ihr Handwerkzeug nur mit klarem Wasser. Auf keinen Fall sollten Sie Reinigungsmittel verwenden. Um Pflanzgefäße nach Schädlingsbefall zu desinfizieren, genügt eine Essiglösung. Dazu die Behälter und die Gartenkleingeräte gründlich mit der Lösung aus- bzw. abwaschen und anschließend mehrfach mit klarem Wasser nachspülen. Ich persönlich verwende dazu handelsübliche Essigessenz, die ich 1:4, also mit der vierfachen Menge an Wasser verdünne.

- **Gartenschere:** *Hauptsache scharf, ist die Devise. Denn stumpfe Scheren erzeugen keinen exakten Schnitt, sondern eine Quetschung. Es kommt aber auch darauf an, was genau Sie schneiden möchten. Für hartes Holz ist eine Amboss-Schere zu empfehlen, denn das keilförmig geschliffene Messer dringt leichter ein und die Kraft wird auf den Schnitt übertragen. Für frisches Holz ist dagegen eine zweischneidige Bypass-Schere nützlich, bei der die Messer aneinander vorbeigehen. Sie ermöglicht auch einen stammnahen Schnitt, wie er bei jungen Obstgehölzen erforderlich ist.*
- **Pflanzstecher:** *Eigentlich ist er zum Setzen von Blumenzwiebeln oder Jungpflanzen gedacht. Sie können damit aber auch 15–20 cm tiefe Löcher in die Kübelerde stechen, um festen Dünger oder Kompost aufzufüllen.*
- **Gießkanne:** *Kunststoffkannen sind leichter als Modelle aus Zink oder Metall. Wichtig ist, dass ein Brauseaufsatz vorhanden ist, damit können Sie das Gießwasser über eine größere Fläche und in sanftem Strahl verteilen.*
- **Vogelschutznetze:** *Falls Sie Ihre Ernte nicht mit gefiederten Freunden teilen wollen, verwenden Sie bitte Netze, die von Vögeln erkannt werden können und in denen sie sich nicht verfangen.*
- **Vlies oder Kokosfasermatten:** *Sie schützen empfindliche Bäumchen oder Sträucher vor den letzten Nachtfrösten in den Frühjahrsmonaten.*

SUBSTRATE FÜR TOPFGÄRTEN

Staunässe oder Wassermangel sind die großen Herausforderungen beim Topfgärtnern. Und natürlich muss das Substrat zur Pflanze passen. Es gibt also einige triftige Gründe, warum es lohnt, auf eine gute Zusammensetzung der Pflanzenerde zu achten.

Ein guter Boden ist die Grundlage für gesundes Wachstum, denn das Substrat versorgt die Pflanzenwurzeln mit Wasser, Nährstoffen und Sauerstoff. Doch Erde ist nicht gleich Erde. Was sicher nicht funktioniert, ist, normale Gartenerde in Töpfe zu füllen. Der Boden in einem Garten ist tief und vielschichtig, überschüssiges Wasser kann versickern, Staunässe ist selten ein Problem. Auch wenn es einmal längere Zeit nicht regnet, kommen Pflanzen über tief reichende Wurzeln an unterirdische Reserven heran.

Im Topf ist alles kleiner, den Komfort eines natürlich gewachsenen Bodens haben die Bewohner also nicht. Abzugslöcher (→ Seite 20) und eine Drainage (→ Seite 27) kompensieren, helfen aber nicht, wenn das Substrat im Topf verdichtet. Die Pflanzenwurzeln bekommen dann, ebenso wie bei Staunässe, keinen Sauerstoff.

Ist das Substrat hingegen nicht saugfähig genug, fehlt ihm die Kapazität, Wasser zu speichern und langsam und kontinuierlich abzugeben. Dann rauscht das Gießwasser nur so durch und die Pflanzen halten nicht einmal bis abends durch.

GUTES TOPFSUBSTRAT

Wie also sieht das ideale Topfsubstrat aus? Gerade bei Obstgewächsen, an denen man oftmals über viele Jahre Freude haben kann, ist es wichtig, dass die Pflanzenerde strukturstabil ist, Wasser speichern kann und nicht so schnell verdichtet. Im Gegensatz zu Gartenerde, die durchaus feinporig sein darf, muss Topferde daher groß- bis mittelporig beschaffen sein, also viele faserige, grobe, stabile Bestandteile enthalten. Früher gab man der Topferde deshalb reichlich Torf bei, denn er erfüllt genau diese Eigenschaften. Heute weiß man es besser: Moore und Moorlandschaften sind für die Umwelt viel zu wichtig, als dass sie durch übermäßigen Torfabbau zum Verschwinden gebracht werden dürfen! Verzichten Sie daher bitte auf torfhaltige Pflanzenerde und Substrate. Es gibt mittlerweile hervorragende Alternativen mit besten Eigenschaften für die Pflanzen, die mit Rindenhumus, Holzfasern, Kokosfasern oder grob zersetztem Humus vermischt sind.

Nicht zuletzt muss das Substrat zum jeweiligen Topfbewohner passen: Denn die Geschmäcker sind auch im Pflanzenreich verschieden. Mediterrane oder exotische Pflanzen benötigen eine gänzlich andere Zusammensetzung als beispielsweise ein Johannisbeerbäumchen!

FERTIGE MISCHUNGEN

Heutzutage bekommen Sie für fast jede Pflanzenart eine fertig gemischte Erde, abgestimmt auf die Bedürfnisse der jeweiligen »Zielgruppe«. Das Angebot ist riesig. Allerdings sind diese fertigen Mischungen nicht immer in Bio-Qualität erhältlich.

17

Tun Sie sich selbst und auch Ihren Pflanzen etwas Gutes, indem Sie qualitativ hochwertige Pflanzenerde kaufen. Man kann das durchaus mit der eigenen Ernährung vergleichen: Je nachdem, wie gut oder schlecht Ihre Nahrung auf Ihre Bedürfnisse abgestimmt ist, spiegelt sich das in Ihrer Konstitution und Ihrem gesundheitlichen Befinden wider. Je besser Sie sich ernähren, desto kraftvoller und widerstandsfähiger sind Sie. Genauso verhält es sich mit Obstbäumen.

WELCHES FERTIGSUBSTRAT PASST ZU WEM?

Substrat	Obstsorten
Floragard Bio-Erde Beeren-Obst ohne Torf	Erdbeeren, Brombeeren, Stachelbeeren wie auch für alle anderen Beerensorten mit Ausnahme von Kulturheidelbeeren, Waldheidelbeeren und Preiselbeeren; bestens geeignet auch für Säulenobst
Euflor Bio Komposterde torffrei	für Säulen- und Beerenobst mit Ausnahme von Heidel- und Preiselbeeren; zur Aufbesserung aller Böden, aus 100 % nachwachsenden Rohstoffen
Floragard Bio-Erde Sauer	für alle kalkempfindlichen Moorbeetpflanzen wie Waldheidelbeeren, Kulturheidelbeeren und Preiselbeeren
Floragard Rhodohum	Spezialerde für Heidelbeeren und weitere Moorbeetpflanzen; zur Bodenverbesserung, mit Naturdünger Guano
Zitruspflanzenerde	für Zitruspflanzen und weitere mediterrane Pflanzen; gebrauchsfertige Spezialerde inklusive Start-Düngung für bis zu zwölf Wochen
Floragard Kübelpflanzenerde mediterran	für Zitruspflanzen, Oliven; Spezialerde für große Kübel und Dachgärten

DIE WICHTIGSTEN SUBSTRATMISCHUNGEN

Obstsorten	Mischung
Erdbeeren	Mischung aus reifem Kompost und guter Gartenerde, dazu etwas Sand; alternativ auch Ton, feiner Kies oder Rindenhumus
Brombeeren	bevorzugen leicht saure Pflanzenerde, dazu etwas Sand oder Perlite
Waldheidelbeeren, Kulturheidelbeeren, Preiselbeeren	gute Pflanzenerde ohne Lehm und Kalk, dazu Kompost aus Fichtennadeln oder Sägespäne ohne Zusätze
Äpfel, Birnen, Kirschen, Pflaumen oder Zwetschgen, Mirabellen	gute Pflanzenerde vermischt mit Kompost, 10 % Sand und 1–2 Handvoll Urgesteinsmehl zum Optimieren des Substrats; je nach Obstsorte ist teilweise auch etwas Lehm erforderlich (→ Porträts ab Seite 52)
Beeren	gute Pflanzenerde vermischt mit etwa einem Drittel Kompost oder Wurmkompost, alternativ einen Langzeitdünger für Beeren einarbeiten
Zitrusgewächse	Gemisch aus einem Drittel Komposterde, einem Drittel Pflanzenerde und jeweils einem Sechstel Sand und Tonmineralien
Nektarinen/Pfirsiche	gute, leicht saure Pflanzenerde und reifer Kompost, bei Pfirsichen auch etwas Sand und Lehm

WELCHES FERTIGSUBSTRAT ZU WEM

Wenn Sie die eigens auf die Gewächsart abgestimmte Pflanzenerde verwenden (→ Tabelle links oben), ist sichergestellt, dass Ihre Bäumchen oder Sträucher fürs Erste optimal versorgt sind. Zumeist enthalten die Substrate auch gleich eine Grunddüngung, die über mehrere Wochen ausreicht, in denen Sie dann nicht zusätzlich düngen müssen. Sie können also Ihre Obstgewächse ohne weitere Umschweife einpflanzen. Bei Heidelbeeren und Preiselbeeren ist es unbedingt erforderlich, eine saure Erde zu verwenden, andernfalls gehen Ihnen diese Gewächse ein, da sie nur in Moorbeeterde gedeihen können.

SUBSTRATE SELBST MISCHEN

Sie können die Erde für Ihre Pflanzen aber auch selbst zusammenmischen und auf diese Weise optimal auf deren spezielle Bedürfnisse abstimmen (→ Tabelle links unten). In einigen Fällen ist das sogar sinnvoll. So benötigen manche Obstsorten wie Pfirsiche und Nektarinen etwas Lehm, damit sie sich gut entwickeln. Andere Pflanzen wie Heidel- oder Preiselbeeren gedeihen nur in saurem Boden, der einen geringen pH-Wert aufweist. Außerdem wissen Sie nur bei selbst gemischter Erde, was genau darin enthalten ist.

Zuschlagstoffe und ihre Funktion

- *Sand und Kies lockern das Erdsubstrat auf.*
- *Eine Zugabe von Lehm ist nicht für alle Pflanzen ratsam, sondern wird nur bei Bedarf zugemischt.*
- *Rindenmulch dient eigentlich– wie der Name schon sagt – als Mulchmaterial. Bei Pflanzen, die einen sauren Boden benötigen, kann er jedoch zu einem geringen Anteil unter die Pflanzenerde gemischt werden, um die Erde aufzulockern.*
- *Kompost oder Wurmkompost ist überaus nährstoffreich. Damit lässt sich die Pflanzenerde optimal aufbessern, da bei diesem Zuschlagstoff keine Gefahr der Überdüngung gegeben ist.*

- *Blähton wird vorrangig als Mulch- und Drainagematerial verwendet, man kann ihn aber auch zur Auflockerung unter die Pflanzenerde mischen. Zudem nimmt Blähton Wasser auf und stellt somit bei richtiger Wässerung der Pflanzen einen zusätzlichen Wasserspeicher dar.*
- *Sägespäne sind als Zugabe zur Pflanzenerde nur dann sinnvoll, wenn der pH-Wert abgesenkt werden soll (zum Beispiel bei Moorbeetpflanzen). Bitte wirklich sehr vorsichtig dosieren, das heißt, immer nur eine Handvoll zum Substrat dazugeben und ausprobieren, wie viel tatsächlich zur Bodenauflockerung benötigt wird.*

ERDE »RECYCELN«

Schwere Säcke mit Pflanzenerde in höhere Etagen zu schleppen ist kräftezehrend. Darum sollte man sich diese Arbeit nicht öfter als nötig machen. Wozu auch? Besser die vorhandene Erde aus Töpfen und Kübeln wiederverwerten! Ich stelle meine Pflanzenerde nur noch selbst her und dafür verwende ich verbrauchtes Substrat als Grundlage. Mit Wurmkompost lässt es sich wunderbar aufbereiten. Nur wenn die vorherigen Pflanzen in den Behältern krank oder von Schädlingen befallen waren, sollten Sie die Erde im Hausmüll entsorgen. Sammeln Sie die verbrauchte Erde am besten in einem Extra-Behälter. Sehr gut geeignet sind sogenannte Laubsäcke. Entfernen Sie zuvor alle alten Wurzel- oder Pflanzenteile und sieben Sie das Substrat mittels Kompostsieb gründlich durch. Je nachdem, wie viel Erde anfällt, lohnt es, den Sack auf einen Rollwagen zu stellen, damit man ihn später noch bewegen kann.

PFLANZGEFÄSSE

Mit der Wahl der Pflanzgefäße bestimmen Sie nicht nur die Optik: Größe und Form müssen zur Pflanze passen, damit sie sich optimal entwickeln kann, das Material beeinflusst den Gießaufwand. Eine wirklich »gewichtige« Entscheidung ...

GEFÄSSE IN TOP(F)FORM

Pflanzgefäße sind nicht nur eine »schicke Hülle« für das Substrat, sie müssen auch bestimmte Grundeigenschaften erfüllen, damit Substrat und Pflanze darin funktionieren können.

Abzugslöcher: Egal, für welche Pflanzgefäße Sie sich entscheiden, diese sollten immer Abzugslöcher aufweisen, damit überflüssiges Wasser abfließen kann. Wenn keine vorhanden sind, müssen Sie selbst welche schaffen. Das ist vor allem dann wichtig, wenn Balkon oder Terrasse nicht überdacht sind und tagelanger Dauerregen auf die Pflanzen prasseln kann. Kein Obstgehölz und kein Beerenstrauch mag Staunässe. Die Pflanzen »ersticken«, zudem macht zu viel Nässe anfällig für Pilzbefall und andere Krankheiten. Eventuell empfiehlt es sich, mit Sonnenschirm oder Markise für Regenschutz zu sorgen. Zusätzlich zu den Abzugslöchern sollten alle Gefäße mit einer Drainageschicht (→ Seite 27) ausgestattet werden.

Größe und Form: Art, Form und Beschaffenheit der Behälter sind immer Geschmackssache, zum Teil auch eine Platz- und Preisfrage. Im Handel sind verschiedenste Arten und Größen erhältlich, sodass Sie gezielt auswählen können. Wollen Sie Flachwurzler unterbringen oder Pflanzen mit tief reichenden Wurzeln? Gerade bei Obstgehölzen gilt jedoch ganz grundsätzlich: Je größer der Topf, desto besser ist das für das Gewächs.

WELCHES GEFÄSS PASST ZU WEM?

Ob klassisches Pflanzgefäß aus dem Handel oder umfunktionierter Pflanzkübel: Sie alle haben Vor- und Nachteile, die Sie berücksichtigen sollten, um eine gute Wahl für Ihre Pflanzen zu treffen.

Wasserspeicherkästen: Wenn Ihr Balkon überdacht ist, dann sind sie durchaus eine gute Wahl, denn sie ersparen einiges an Gießarbeit. Bei fehlender Überdachung unbedingt darauf achten, dass die Kästen einen Überlauf haben, das ist längst nicht bei allen Modellen der Fall.

Kunststoffbehälter: Ihr großes Plus: das geringe Eigengewicht. Zudem sind sie in der Pflege und Handhabung praktisch und leicht zu reinigen. Wasserabzugslöcher müssen teilweise noch selbst angebracht werden, bei Pflanzgefäßen aus dem Handel sind sie normalerweise vorhanden. Diese haben zugleich den Vorteil, dass sie aus unbedenklichem Material angefertigt sind. Bei zweckentfremdeten Behältern wie Eimern, Maurerkübeln etc. lohnt es, genauer hinzusehen. Gerade Produkte aus dem Baubereich bestehen oft aus ungeeigneten Kunststoffen. Achten Sie darum auf das kleine Icon mit Messer und Gabel, das die für Lebensmittel geeigneten Gefäße kennzeichnet.

Holzgefäße: Optisch sehr schön, dazu natürlich in ihrer Wirkung sind Pflanzbehälter aus Holz eher für große Terrassen oder Dachterrassen geeignet. Bei Verwendung auf Balkonen bitte unbedingt das zulässige Gesamtgewicht beachten! Wasserabzugsmöglichkeiten sind hier meist selbst zu schaffen. Wer handwerklich geschickt ist, bastelt sich im unteren Bereich des Behälters, zum Beispiel mit einem umgedrehten Kompostsieb, ein kleines Podest und bringt in dem Hohlraum zwischen Behälterboden und Sieb einen kleinen Ablaufhahn an, sodass überschüssiges Wasser abgelassen werden kann. Alternativ gibt man eine Drainageschicht aus Kies in den Kübel und deckt diese zusätzlich mit Vlies oder Kokosfasermatten ab, bevor die Erde eingefüllt wird. Es empfiehlt sich, die Behälter von innen mit Folie auszulegen, damit das Holz über die Jahre nicht durch die anhaltende Feuchtigkeit verrottet. Gut geeignet ist, je nach Größe des Gefäßes, Teich- oder Noppenfolie aus dem Gartenbedarf, bei sonstigen Folien ist wiederum auf den Schadstoffgehalt zu achten. Gegen die Verwitterung von außen schützt die Wahl robuster Hölzer, wie Akazie und Teak, oder ein geeigneter Wetterschutzlack.

Weidenkörbe: Ein fantastisches Naturprodukt und schön bepflanzt ein echter Hingucker! Der Innenbereich sollte wie bei Behältern aus Holz mit Folie ausgelegt werden, zudem ist auf ausreichende Wasserabzugsmöglichkeiten zu achten. Zumeist ist es einfacher, den Weidenkorb nur als Übertopf zu verwenden und das Obstgewächs in einen Extra-Behälter zu pflanzen. Dann für einen ausreichend großen Untersetzer mit höherem Rand sorgen, sodass überschüssiges Gieß- oder Regenwasser nicht so schnell überlaufen kann.

Zinkgefäße: Ob mit Obst, Gemüse oder Zierpflanzen – bepflanzte Zinkwannen sehen einfach toll aus, große Exemplare bieten sogar Platz für ein Rankspalier. Wasserabzugslöcher im Boden und im unteren Bereich der Seitenwände sorgen für den nötigen Ablauf, eine Drainageschicht aus Kies, abgedeckt mit Vlies oder Kokosmatten verhindert auch hier, dass die Pflanzen im Wasser stehen. Zinktöpfe nutzt man besser als Übertopf.

Mini-Hochbeete: Sie erlauben rückenschonendes Garteln und sind für Erdbeeren oder kleinwüchsige Heidel- oder Preiselbeersträucher geradezu ideal. Hochbeete kann man gut selber bauen, bei der Innenauskleidung geht man vor, wie bei den Holzbehältern beschrieben. In kommerziellen Varianten ist teils ein Innenbehälter vorhanden.

Terrakotta- oder Tontöpfe: Gibt's in allen Größen und Formen! Sie bestehen aus natürlichem Material und speichern obendrein Feuchtigkeit. Allerdings sind sie auch ziemlich schwer.

Je nach Gefäßgröße sollten Sie 1–5 Wasserabzugslöcher bohren. Andernfalls besteht die Gefahr von Staunässe.

PFLANZENKAUF –
darauf sollten Sie achten

Augen auf beim Pflanzenkauf – aber worauf muss man genau achten? Gerade als Obstgärtner-Neuling steht man oft vor den Gewächsen und weiß nicht so recht, ob man das Bäumchen oder die Erdbeerpflanze nun kaufen soll oder doch besser nicht.

AUF QUALITÄT ACHTEN

Grundsätzlich möchte ich Ihnen davon abraten, in Supermärkten oder auch teilweise in Baumärkten ohne angeschlossenen Gartencenter Pflanzen zu kaufen. Das gilt besonders für mehrjährige Pflanzen, die immer teurer angeboten werden als günstige »Verbrauchspflanzen« wie Weihnachtssterne, Orchideen und Co. Grund dafür ist, dass Pflanzen außerhalb von Fachmärkten oder Fachabteilungen oftmals nicht gut gepflegt werden. Wie oft habe ich schon erlebt, dass die Pflanzen tagelang ohne Wasser auskommen mussten,

Gesunde Wurzeln sind weiß und fest – wie bei dieser Himbeere. Oft sind die Wurzeln schon am Topfboden näher zu begutachten.

um dann, wenn sie erste Anzeichen von Welke zeigen, regelrecht geflutet zu werden. Nicht leicht für die feinen Wurzeln, die nach dem vorherigen Trockenstress nun ertrinken, ersticken oder anfaulen. Und sieht die Pflanze dann leidend aus, erhält man sie auch noch zum Sonderpreis! Kurz und gut – kaufen Sie auf keinen Fall solche Pflanzen. Diese sind so stark geschädigt, dass sie häufig schnell eingehen oder zumindest sehr lange und fachkundige Pflege brauchen, bis sie sich erholen. Sie machen kein Schnäppchen, sondern zahlen für eine schon dem Untergang geweihte Pflanze. Beziehen Sie Ihre Pflanzen darum besser vom Fachhandel oder bei Garten-Onlineshops, die erstklassige Qualität liefern.

Manchmal lasssen sich aber auch auf dem örtlichen Wochenmarkt sehr gute Erdbeerpflanzen oder Obstbäumchen für Balkon und Terrasse finden. Eine weitere Möglichkeit sind spezielle Blumen- oder Pflanzenmärkte, die im Frühjahr in vielen Städten stattfinden. Auf diesen Veranstaltungen haben Sie immer mal wieder auch das Glück, ausgefallene Sorten zu ergattern. In jedem Falle lohnt es, auf gesunde Pflanzen zu achten: Transport, Umzug, Umtopfen oder Einpflanzen und ein neuer Standort - das alles halten robuste Pflanzen deutlich besser aus!

Finger weg von Gewächsen mit fleckigen Blättern, hier sind Schädlinge oder Pilze am Werk. Vorgeschädigte Pflanzen halten den bevorstehenden Umzugsstress oft nicht aus oder wachsen schlecht an.

GESUNDE PFLANZEN ERKENNEN

Gesunde Pflanzen erkennt man schon an der Optik. Gute Zeichen sind ein frisches grünes Aussehen ohne Hinweise auf vorherigen Wassermangel und ein artgerechter, kräftiger Wuchs mit der Jahreszeit entsprechend neuen Trieben. Welke, schlaffe Blätter deuten auf kranke Pflanzen hin und gelbes Blattwerk zeigt Nährstoffmangel (Chlorose) an. Wenn sich die Blätter kräuseln, einrollen oder Flecken aufweisen, so deutet das immer auf einen Befall mit Pilzen und Schädlingen hin. Doch auch ohne diese offensichtlichen Zeichen sollten Sie immer einen scharfen Blick auf die Unterseiten der Blätter und Blüten werfen, da sich Hinweise auf Erkrankungen oder auch krabbelnde Bewohner hier als Erstes zeigen. Der nächste Blick gilt dem Topf, in dem sich die Pflanze befindet. In guten Gartencentern werden die Pflanzen unverpackt zum Kauf angeboten und nicht in Folie eingeschlagen, da sie darin aufgrund mangelnder Luftzufuhr ggf. schwitzen. Dann ein kurzer Schnuppertest an der Erde – riecht sie faul oder angenehm nach Erde? Das Substrat sollte weder tropfnass noch trocken sein,

sondern eine leichte Feuchte aufweisen. Keinesfalls dürfen die Töpfe im Wasser stehen. Manchmal kommen unten durch die Löcher im Topfboden auch ein paar Wurzeln heraus. Wie sind diese beschaffen? Sind sie weiß und fest, handelt es sich um gutes Wurzelwerk, braune Wurzeln deuten auf Übernässung und beginnende Fäulnis hin. Sind keine Wurzeln zu sehen, so ist es durchaus erlaubt, die Pflanze vorsichtig aus dem Topf zu nehmen. Zeigt sich dann ein gut durchwurzelter Ballen ohne Spiralwuchs der Wurzeln oder Wurzelfilz, sind gute Voraussetzungen für die Pflanzung gegeben. Spiral- oder ringförmig gewachsene Wurzeln erschweren das Einwachsen nach der Pflanzung, bei Wurzelfilz kann der Ballen weniger gut Nährstoffe und Wasser aufnehmen, die Pflanzen wachsen schlechter.

ZWEIJÄHRIGE BEVORZUGEN

Ich persönlich rate zum Kauf von zweijährigen Obstgehölzen. Zum einen können Sie so ein Jahr früher ernten, da viele Obstsorten ab dem dritten Standjahr Früchte tragen. Zudem sind zweijährige deutlich robuster als einjährige Jungbäume.

23

PFLANZUNG

Endlich kann es losgehen! Pflanze, Topf und Substrat sind gekauft, es muss nur noch eingetopft werden – aber bitte mit Liebe zum Detail. Denn Bäumchen, Sträucher und Co. sollen sich eine ganze Weile wohlfühlen, wachsen und reichlich Früchte tragen.

Jetzt sind Sie praktisch gefordert und müssen Ihr gärtnerisches Geschick unter Beweis stellen. Doch nur Mut: Wenn Sie sorgfältig und Schritt für Schritt vorgehen, können Sie nicht viel falsch machen. Je nachdem, ob Sie nackte Wurzelware oder Containerware beziehen, wird die Pflanzung unterschiedlich gehandhabt. Die meisten kleinwüchsigen Balkon- und Terrassenobstgehölze werden jedoch im Topf angeboten. Das hat den unbestrittenen Vorteil, dass Sie diese zu jeder Zeit (außer bei Frost in den Wintermonaten) umpflanzen können, sofern Sie das Wurzelwerk nicht beschädigen und den Topfballen, so wie er ist, in ein neues, größeres Gefäß umsetzen.

CONTAINERPFLANZEN EINTOPFEN

Diese Anleitung gilt für alle Bäumchen und Sträucher, die in Containern angeboten werden. Einzige Ausnahme hierbei sind die Setzlinge von Erdeeren, sie werden wie wurzelnackte Ware (→ Seite 26) eingepflanzt. Bezüglich der besten Pflanzzeit gilt: Solange Obstgehölze als Containerware im Handel erhältlich sind, können sie auch gepflanzt werden.

Schritt für Schritt

1. Die Pflanze samt Container in einen mit Wasser gefüllten Behälter stellen, sodass sich der Wurzelballen richtig vollsaugen kann.

(4)

(5)

(6)

(2) Inzwischen das neue Gefäß – es sollte vom Volumen her doppelt so groß sein wie der Kaufbehälter – vorbereiten: Zuerst die Drainageschicht (→ Seite 27), danach die Erde bis 4–5 cm unter den Gefäßrand einfüllen. Setzen Sie dabei den Container mit der Pflanze immer wieder probeweise ein. Sie sollten Ihr Bäumchen in der gleichen Höhe wie im Container einpflanzen. Von daher nur unten und rundherum Erde dazugeben, aber nicht auf die Oberfläche des Wurzelballens.

(3) Je nach Jahreszeit (Frühjahr, Herbst) und Vordüngung des Pflanzsubstrats können Sie der verwendeten Erde auch noch geeigneten Dünger wie Kompost, Wurmkompost etc. zugeben. Nützlich ist auch, eine Handvoll Hornspäne unterzumischen.

(4) Entnehmen Sie vorsichtig den gesamten Wurzelballen. Falls Wurzeln durch die Abzugslöcher dringen, können Sie diese abschneiden, sofern sie sich nicht mit herausziehen lassen. Sollten Sie jedoch ein Gewächs erwischt haben, bei dem das Wurzelwerk bereits den ganzen Pflanzencontainer ausfüllt, dann lockern Sie vor dem Umsetzen in den neuen Topf ganz vorsichtig die äußeren Wurzelbereiche, damit sich die frische Erde besser dazwischen verteilen kann.

(5) Setzen Sie die Pflanze in den Topf und füllen Sie rundherum Erde ein. Drücken Sie die Erde mit den Handflächen gut fest, damit die Pflanze Halt bekommt und das Substrat nicht beim ersten Gießen zusammensackt. Wer mag, formt ca. 5–10 cm vom Stamm entfernt (je nach Größe des Kübels) einen Gießrand. Dazu kreisförmig um die Pflanze herum eine Vertiefung in die Erde drücken und diese später zum Gießen nutzen. Das ist aber nicht unbedingt erforderlich.

(6) Zum Schluss wird das Gewächs angegossen. Dazu am besten eine Brause nutzen, sodass sich die Flüssigkeit rund um den Stamm herum gut verteilt. Oder Sie geben das Wasser ohne Brauseaufsatz in den Gießrand.

(7) Generell brauchen alle Obstgehölze (auch kleine) in den ersten Jahren einen soliden Stützpfahl. Der Pfahl sollte ca. eine Handbreit vom Stamm entfernt tief in das Substrat gesteckt werden. Achten Sie darauf, den Wurzelballen dabei möglichst nicht zu verletzen. Zum Befestigen eignet sich ein Sisal- bzw. Kokosstrick oder ein Baumband. Strick oder Band in Form einer Acht um Stamm und Stützpfahl legen und das Mittelstück vom Stamm zum Pfosten hin fest umwickeln. So schabt der Pfahl nicht am Bäumchen.

25

WURZELNACKTE EINTOPFEN

Als Wurzelnackte bezeichnet man Pflanzen, die ohne Erdballen, also mit frei liegenden Wurzeln angeboten werden. Die feinen Wurzeln wurden dabei entfernt. Man erhält sie im Frühjahr und Herbst in Baumschulen, da man sie nur zu diesem Zeitpunkt pflanzen kann. Vorteile der Wurzelnackten sind der günstige Preis und dass man anfangs kleinere Kübel verwenden kann. Allerdings wachsen sie etwas schlechter an.

Schritt für Schritt

① Bei diesen Bäumchen ist entscheidend, dass sie vor der Pflanzung ordentlich gewässert werden. Dazu den kompletten Wurzelbereich über Nacht in einen Eimer mit Wasser stellen, so können die Wurzeln genügend Feuchtigkeit für die erste Zeit aufsaugen.

② Am nächsten Tag das vorgesehene Pflanzgefäß wie auf Seite 25 beschrieben vorbereiten. Anschließend stellen Sie das Obstbäumchen mitsamt dem Stützpfahl (ca. eine Handbreit vom Stamm entfernt) in das vorbereitete Pflanzloch. Dabei unbedingt darauf achten, dass die Veredelungsstelle (meistens als Wulst, manchmal aber auch als Knick am

Übergang vom Stamm zur Hauptwurzel zu erkennen) immer eine Handbreit über der Bodenoberfläche sein muss. Ist keine Veredelungsstelle vorhanden, wird das Bäumchen so tief gepflanzt, wie es bereits in der Baumschule gestanden hat. Das kann man gut an der Rindenfärbung erkennen.

③ Nun wird das Pflanzgefäß sorgsam mit Erde aufgefüllt, zwischendurch aber immer wieder etwas rütteln, damit sich die Erde gut zwischen den Wurzeln verteilt und keine Hohlräume entstehen. Eventuell müssen Sie mit den Händen nachhelfen, damit die Erde auch wirklich gut zwischen die Wurzeln gelangt.

④ Zum Schluss das Substrat mit den Handflächen sorgsam fest andrücken und anschließend ausgiebig mit einer Brause wässern. Zu guter Letzt den Stamm in Form einer Acht am Stützpfahl anbinden (→ Seite 25).

Bei guten Baumschulen bekommen Sie pflanzfertig geschnittene Gehölze, sodass Sie keinen Rückschnitt der Triebe vornehmen müssen. Sollte das jedoch nicht der Fall sein, müssen die Triebe um etwa ein Drittel eingekürzt werden, damit der Wasserverbrauch nach der Pflanzung recht gering gehalten wird, bis die Wurzeln Fuß gefasst haben.

(4)

Erde verstopft werden, aber auch eine Schicht Blähton oder Kies (wenn er keinen Kalk abgibt) leistet gute Dienste.

Über diese Schicht können Sie ein Stück Vlies legen, sodass keine Erde zwischen die Steine gespült wird und den Wasserabfluss behindert. Ich persönlich verwende inzwischen sehr oft Kokosfasermatten, die ich entweder auf die entsprechende Größe zuschneide (was allerdings einiges an Kraftaufwand erfordert, da das Material recht schwer mit einer Schere zu schneiden ist) oder gleich als runde Kokosfaserscheiben passend zum Durchmesser des Topfbodens einkaufe. Letztere sind in vielen unterschiedlichen Größen im Handel erhältlich und müssen nur noch unten in den Behälter gelegt werden. Zum einen schätze ich Kokosfaser als natürliches Material, zum anderen kann sie auch prima für den Winterschutz verwendet werden, um den Wurzelbereich vor allzu großer Kälte zu schützen (→ Seite 148).

DRAINAGE IST EIN MUSS

Grundsätzlich sollten alle Kübel und Kästen mit einer ausreichend hohen Drainageschicht ausgestattet werden, damit überschüssiges Gießwasser immer abfließen kann. Dazu können Sie unterschiedliche Materialien verwenden.

Mit Tonscherben lassen sich Abzugslöcher gut überdecken, sodass die Löcher nicht durch die

---

DÜNGER BEIM EINTOPFEN

Stimmen Sie die Pflanzenerde auf die Bedürfnisse Ihres Obstbäumchens ab, geben Sie im Herbst aber auf keinen Fall Dünger oder Stallmist, sondern nur reifen Kompost oder Wurmkompost mit in die Erde.

	Frühling	Sommer	Herbst
Containerware	mit speziellem Langzeitdünger (Dosierungsangabe auf der Verpackung beachten), Kompost oder Wurmkompost düngen	bei Bedarf mit Wurmkompost oder anderem Kompost nachdüngen	leichte Düngung mit Kompost oder Wurmkompost, damit auch für den Winter Nährstoffe vorhanden sind; auf keinen Fall zu viel düngen
wurzelnackte Ware	mit speziellem Langzeitdünger (Dosierungsangabe auf der Verpackung beachten), Kompost oder Wurmkompost düngen	keine Pflanzung möglich	leichte Düngung mit reifem Kompost oder Wurmkompost, keinesfalls Langzeitdünger verwenden

MULCHEN

Als Mulchen bezeichnet man das Bedecken der Erdoberfläche mit unverrottetem organischen oder anorganischem Material. Doch Mulchen ist nicht nur was für »richtige Gärten«. Man kann auch Topfpflanzen etwas Gutes damit tun!

Es gibt viele gute Gründe, warum sich das Mulchen auch bei Topfpflanzen lohnt:

- *Eine gute Mulchschicht sorgt dafür, dass die Feuchtigkeit länger in der Erde erhalten bleibt. Das erspart Ihnen eine Menge Gießarbeit, was sich gerade in heißen Sommermonaten auszahlt.*
- *Die Erdoberfläche verkrustet durch eine Mulchschicht nicht, sondern bleibt schön locker.*
- *Falls Unkrautsamen in der Erde sein sollten oder durch den Wind herangeweht werden, kann eine Mulchschicht deren Wachstum unterdrücken.*
- *Bei Erdbeerpflanzen ist zudem von Vorteil, dass die Früchte durch die Mulchschicht im Trockenen liegen und nicht faulen.*
- *Nicht zuletzt ist eine gute Mulchschicht ein hervorragender Winterschutz, der das Eindringen von Frost in die Erdoberfläche unterbindet.*

Zum Abdecken der Erdoberfläche bieten sich verschiedene Materialien an, letztendlich ist es neben der Nützlichkeit eine reine Geschmackssache, welchen Mulch Sie verwenden möchten. Besonders auf dem Balkon, aber auch auf der Terrasse sollten Sie jedoch Materialien verwenden, die der Wind nicht so leicht davontragen kann. Das vermeidet Ärger mit den Nachbarn und erspart Ihnen lästige Putzarbeit, wenn nicht ständig Mulchmaterialien über den Balkon wehen oder zur Tür hereinrieseln. Überhaupt erfüllt nicht jedes Material, das im Garten zum Mulchen verwendet wird, auch auf dem Balkon seinen Nutzen. So rate ich davon ab, Laub oder Grasschnitt zum Mulchen zu verwenden. Grasschnitt fault extrem schnell und Laub verringert den pH-Wert des Substrats, sobald es sich zersetzt hat. Nicht zuletzt fault auch Laub recht schnell, wenn es von unten zu feucht ist.

ORGANISCHES MULCHMATERIAL

Organische Materialien decken nicht nur die Erdoberfläche ab, sie zersetzen sich auch langsam und geben dabei Nährstoffe an die Erde ab. Die Gefahr einer Überdüngung ist in diesem Fall nicht gegeben, da es recht kleine Mengen sind, die im Balkonkübel verrotten. Außerdem dauert es Jahre, bis der Mulch überhaupt verrottet.

- *Pinienrinde ist als Mulchmaterial geradezu ideal! Zum einen riecht sie schön nach Waldboden, zum anderen ist sie in Kübeln überaus dekorativ. Das Substrat sollte aber nicht zu grob sein, für den Balkon ist eine Körnung von 35–60 mm oder 40–60 mm optimal. Wenn Sie größere Pflanzbehälter nutzen, kann auch eine Körnung von 7–15 mm verwendet werden.*
- *Rindenmulch sieht man in beinahe jeder Parkanlage. Auf dem Balkon rate ich jedoch davon ab. Er stinkt schnell, wenn er zu feucht wird, zudem kann sich dadurch leicht Schimmel bilden oder er lockt eventuell noch Trauermücken an.*

- **Gras oder Laub** sind als Mulchschicht ebenso wenig geeignet, denn auch diese Materialien faulen schnell und neigen zur Schimmelbildung.
- **Stroh** ist insbesondere für Erdbeeren ideal. Manche Online-Gartencenter versenden ihre Gewächse im Strohbett – heben Sie das Material unbedingt auf und verwenden Sie es für Ihre Pflanzen oder als Winterschutz für Ihre Kübel!
- **Mulchscheiben aus Kokosfasern** sind überaus vielseitig einsetzbar. Neben ihrer Verwendung als Drainageschicht (→ Seite 27) sind sie auch ein fantastisches Mulchmaterial. Zum Teil werden im Handel bereits maßgeschneiderte Kokosfaserscheiben für verschiedene Größen von Pflanzgefäßen angeboten. Will man die Matten selbst passend zuschneiden, braucht man eine scharfe Schere und viel Kraft! Doch der Aufwand lohnt sich, denn die Matten sind zugleich ein ausgezeichneter Winterschutz!

ANORGANISCHES MULCHMATERIAL

Anorganische Stoffe zersetzen sich nicht, geben also auch keine Nährstoffe ab. Das muss nicht unbedingt von Nachteil sein, denn so sind diese Stoffe ausgesprochen langlebig, sehen oftmals recht hübsch aus und werden nicht so leicht vom Wind verweht, selbst wenn sie in einer kleinen Körnung zum Einsatz kommen.

- **Blähton** hat sich als Mulchmaterial bestens bewährt. Idealerweise sollte er in einer Körnung von 8–16 mm verwendet werden. Blähton können Sie jahrelang verwenden. Vielleicht ab und an beim Umtopfen Ihrer Pflanzen einmal kräftig abbrausen, schon ist er wieder wie neu. Zudem ist Blähton auch als Drainageschicht für Kübel und Kästen geeignet. Als solche sorgt er dafür, dass Gießwasser besser abfließen kann.
- **Lavamulch** besticht durch seine wunderschöne rotbraune Farbe. Auch hier ist eine Körnung von 8–16 mm optimal. Lavamulch hält den Boden im Sommer kühl und feucht, denn er vermag die Verdunstung von Wasser aus den obersten Erdschichten wirkungsvoll einzudämmen. In den Wintermonaten hält er dagegen die Wärme im Boden, da sich das dunkle Gestein bei Sonnenschein schnell aufwärmt und die gespeicherte Wärme in der Nacht wieder an die Erde abgibt.
- **Flusskies oder Splitt** sorgt für Steingartenambiente. Ähnlich dem Lavamulch speichert die Kiesschicht Wärme, ist wasser- und luftdurchlässig. Mit der Zeit kann sie sich allerdings mit der oberen Erdschicht durchmischen.

Blähtonkugeln eignen sich als Drainageschicht (→ Seite 27) wie auch als dauerhafte, anorganische Mulchschicht.

GIESSEN

Das richtige Bewässern der Balkonobstpflanzen ist gar nicht so einfach, wie man zunächst denkt. Natürlich will niemand, dass die Pflanzen vertrocknen. Doch oftmals ist es sogar so, dass zu viel gegossen wird. Dann beginnen die Wurzeln zu faulen. Worauf es ankommt? Auf die richtige Menge und Kontinuität!

Mäßig, aber regelmäßig, so lautet die Devise. Und wenn Sie Ihre Pflanzen gut im Blick haben, finden Sie auch schnell heraus, welche Bäumchen oder Sträucher wann und wie viel Wasser benötigen.

DER RICHTIGE ZEITPUNKT

Sobald Ihre Pflanzen die Blätter schlaff herunterhängen lassen, ist es höchste Zeit für die nächste Wassergabe. Damit es aber gar nicht erst so weit kommt, sollten Sie regelmäßig die sogenannte Fingerprobe machen. Drücken Sie dazu Ihren Zeigefinger in die Erde und fühlen Sie den Feuchtigkeitszustand. Ist die Erde trocken, braucht Ihr Schützling dringend Wasser. Im Sommer, erst recht, wenn es sehr heiß ist, sollten Sie täglich die Fingerprobe machen. Sie ist aber gerade auch in

Zeiten sehr wichtig, in denen man die Pflanzen nicht mehr täglich, sondern eben nach Bedarf gießen muss, also in den kühleren und dunkleren Herbst- und Wintermonaten oder auch im Frühjahr, wenn die Pflanzen neu austreiben.

Auf keinen Fall sollten Sie in der prallen Sonne gießen. Ideal ist es in den frühen Morgenstunden, wenn die Behälter noch nicht aufgeheizt sind und somit weniger Gießwasser verdunstet. Achten Sie darauf, nur die Erde und nicht die Blätter der Pflanzen zu benetzen, Letzteres fördert Blattkrankheiten. In extrem heißen Sommermonaten kann es erforderlich sein, die Pflanzen zweimal täglich zu gießen. Dann bitte darauf achten, dass die zweite Wassergabe nicht zu spät, sondern in den frühen Abendstunden erfolgt. Ist das Substrat über Nacht zu nass, leistet dies Pilzkrankheiten wie Mehltau Vorschub. Der ideale Zeitpunkt ist gegeben, wenn die Sonne allmählich untergeht.

WIE AM BESTEN?

Probate und altbewährte Methode ist das Gießen von Hand. Eine zunehmend attraktive Alternative sind aber auch verschiedene automatische Bewässerungssysteme. Nicht nur, dass diese Ihnen viel Arbeit beim Gießen abnehmen und die Wasserversorgung Ihrer Pflanzen auch in Urlaubszeiten sicherstellen – entscheidender Vorteil dabei ist die

Lassen Sie Leitungswasser vor dem Gießen so lange wie möglich stehen. So setzt sich der darin enthaltene Kalk ab und das Wasser ist gut temperiert.

Die Tonkegel des Blumat-Bewässerungssystems saugen das Wasser über Zuleitungen aus Eimer, Kanister oder auch Gießkanne. Eine Abdeckung verhindert, dass Schmutz die Schläuche verstopft.

kontinuierliche Zufuhr geringer Wassermengen, welche die Erde gleichmäßig feucht halten, statt die Töpfe mit einem Schwall zu fluten.

Von Hand

Achten Sie beim Eintopfen der Pflanzen darauf, einige Zentimeter Abstand zwischen Erdoberfläche und Rand zu lassen. So können Sie mehr Wasser auf einmal in den Topf geben und die Planze ist rundherum mit Feuchtigkeit versorgt. Ob Sie einen Brauseaufsatz verwenden oder die normale Gießvorrichtung der Kanne nutzen, ist unerheblich. Kommt unten aus den Abzugslöchern Wasser heraus, können Sie sicher sein, dass die Erde im Topf komplett benetzt wurde. Ein Untersetzer unter dem Topf fängt das überschüssige Wasser auf und bietet der Erde zugleich die Möglichkeit, sich weiter vollzusaugen. Spätestens nach einer halben Stunde sollten Sie überschüssiges Wasser, das im Untersetzer stehen bleibt, entfernen, denn keine Pflanze mag Staunässe.
Sie können das Gießwasser auch direkt in den Untersetzer geben, sodass sich die Pflanze daraus bedienen kann. Das vermeidet zugleich die Aus-

schwemmung von Nährstoffen aus der Erde. Doch auch hier gilt: Nicht verbrauchtes Wasser nach einer gewissen Zeit wieder entfernen.

Mit System

Falls Sie einen Wasseranschluss auf dem Balkon oder der Terrasse haben, bietet sich ein automatisches Bewässerungssystem an, das Sie eigens programmieren und auf den Bedarf Ihrer Pflanzen abstimmen können. Es muss jedoch sichergestellt sein, dass Ihre Zöglinge nicht bei zusätzlichem Nass von oben in den Töpfen ertrinken. Eine gute Alternative ist deshalb das Blumat-System: Dabei steckt man wasserleitende Tonkegel neben die Pflanzen in den Topf. Wird das Erdreich zunehmend trocken, entsteht in den Kegeln ein Unterdruck, der das Wasser aus einem angeschlossenen Vorratsbehälter ansaugt. Nach dem gleichen Prinzip funktionieren PET-Flaschen, die mit Wasser befüllt und mit der Öffnung voran in den Pflanzkasten gesteckt werden – eine günstige und schnelle Do-it-Yourself-Methode, die optisch jedoch weniger ansprechend ist als die unauffälligeren Tonkegel. Doch sie funktioniert!

RICHTIG DÜNGEN

Eine gute und gesunde Ernährung ist wichtige Voraussetzung dafür, dass wir uns besser Gesundheit erfreuen. Bei Pflanzen ist das ebenso. Nur wenn sie weder zu viel noch zu wenig Nährstoffe abbekommen, ist üppiges Wachstum und reichliche Ernte garantiert!

Wie beim Substrat stellen Pflanzen auch an die Düngung teilweise recht unterschiedliche Ansprüche. Je besser diese jedoch auf die jeweiligen Sorten abgestimmt ist, desto mehr Freude werden Sie an Ihren Balkonobstgewächsen haben. Eine »artgerechte« und idealerweise hochwertige biologische Pflanzennahrung vermindert nicht nur Krankheitsbefall, sie bildet bei entsprechender Pflege auch die Grundlage für eine gute Ernte.

WARUM IST DÜNGUNG SO WICHTIG?

Sträucher, Beeren oder Bäumchen, die in Kübeln oder Kästen gedeihen, haben im Unterschied zu Gartenpflanzen keine Möglichkeit, sich die notwendigen Nährstoffe aus dem umliegenden Erdreich zu beschaffen. Überdies wachsen sie in beengten Verhältnissen, sodass die benötigten Nährstoffe nur begrenzt zur Verfügung stehen. Selbst in einem größeren Gefäß kann »das bisschen Erde« die Pflanze nie und nimmer vom Frühjahr bis zur Ernte ausreichend mit Nährstoffen versorgen, schon gar nicht, wenn die Pflanze mehrere Jahre im selben Topf steht. Der natürliche Kreislauf, in dem abgestorbene Pflanzenteile und anderes organisches Material auf dem Boden von Bodenlebewesen zersetzt werden und somit Nährstoffe liefern, ist in der Topfkultur gar nicht und selbst in Gärten jenseits der Permakultur wenig gegeben. Es muss also ausreichend

und zum richtigen Zeitpunkt für Ersatz gesorgt werden. Doch wie beim Wässern gilt auch für die Düngung: Viel hilft nicht unbedingt viel! Es bringt nichts, einfach mal sehr viel Dünger ins Substrat zu geben, denn je nach Düngerart kann das dazu führen, dass die Wurzeln Schaden nehmen, sie »verbrennen«. Zumindest aber wird die Pflanze bei Überdüngung mit schnellem Wachstum reagieren, was dann aber zur Folge hat, dass die neuen Triebe und Blätter weniger robust sind.

GESUNDE PFLANZENNAHRUNG

Pflanzen brauchen aber nicht nur die richtige Menge, sondern auch die richtige Mischung aus Nährstoffen. Auf welche es genau ankommt, soll im Folgenden kurz dargelegt werden.

Was Pflanzen brauchen

Pflanzen leben nicht nur von Kohlendioxid und Wasser allein, sondern benötigen zusätzlich eine Vielzahl von Mineralien. Den mengenmäßig größten Anteil machen Stickstoff (N), Phosphor (P) und Kalium (K) aus; diese Namen oder zumindest die Kürzel kennen Sie sicher von den Verpackungen handelsüblicher Dünger. Eine weitere große Rolle spielen Eisen und Magnesium. **Stickstoff** ist der Stoff, den Blätter und Triebe zum Wachsen brauchen. Ohne ihn wird Ihre Pflanze kümmern. Zu viel des Guten sorgt allerdings für starkes Wachstum, wobei die Blätter und Pflanzenteile wenig Blüten und Früchte ansetzen, zudem weich und krankheitsanfällig sind. **Phosphor** spielt eine entscheidende Rolle bei der Bildung von Blüten und Früchten, bekommt das Gewächs zu wenig, fallen Blüte und Ernte mager aus, außerdem verfärben sich die Blätter dunkel. **Kalium** sorgt für einen ausgeglichenen Wasserhaushalt und stabiles Pflanzengewebe, das auch den Winter überstehen kann. Schlappe Pflanzen sind also auch manchmal die Folge eines Nährstoffmangels und nicht eines Wassermangels. **Magnesium** wie auch **Eisen** sorgen für gesundes Blattgrün, eine Unterversorgung erkennt man an vergilbten Blättern bei gleichzeitig dunkelgrünen Blattadern. Dabei zeigt sich Eisenmangel vornehmlich an den jungen, Magnesiummangel insbesondere an den älteren Blättern.

Geschmäcker sind verschieden

Je nachdem, wie hoch der Nährstoffbedarf der einzelnen Pflanze ist, unterscheidet man zwischen Stark-, Mittel- und Schwachzehrern. Die Angaben zur erforderlichen Menge und Häufigkeit von Düngergaben auf der Verpackung beziehen sich auf Mittelzehrer, wie Erdbeeren, Kern- oder Steinobstsorten. Schwachzehrer sollten Sie also ewas weniger düngen als angegeben. Die meisten Mittelzehrer fühlen sich wohl in einem Substrat vermischt mit reifem Kompost oder Wurmkompost und einem ausgewogenen Volldünger.

DÜNGERARTEN

Wie auch im Bereich menschlicher Nahrung gibt es bei Pflanzendüngern vom Fertigprodukt bis zum selbst gemachten Naturprodukt, von Chemie bis Bioqualität, von flüssig bis fest eine riesengroße Auswahl. Dass Sie beim Anbau von Obst und Gemüse Bioqualität bevorzugen sollten, versteht sich von selbst. Was es sonst noch zu beachten gibt, möchte ich Ihnen hier kurz erläutern:

Flüssig oder fest?

Dünger gibt es in flüssiger und fester Form. Flüssigdünger müssen Sie öfter, meist wöchentlich geben, der Vorteil besteht darin, dass die Dosierung und die gleichmäßige Verteilung über das Gießen einfacher ist, besonders auf dem Balkon, wo meist nur kleinere Flächen zu düngen sind. Bei handelsüblichen Langzeitdüngern in fester Form ist die Düngemenge pro Quadratmeter angegeben und muss deshalb auf die jeweiligen Kübelflächen umgerechnet werden.

Kommerzieller Langzeitdünger oder Hornspäne werden im Frühjahr in die Erde eingearbeitet; sie zersetzen sich nach und nach.

Flüssigdünger sind einfach zu dosieren und versorgen die Pflanze unmittelbar mit Nährstoffen. Sie müssen allerdings genau dosiert und häufiger gegeben werden.

Wurmkompost ist nährstoffreich. Auch wenn die organische Substanz noch nicht komplett zersetzt ist (halbreifer Kompost), besteht keine Gefahr der Überdüngung.

Handelsüblicher Dünger

Fertige Düngermischungen aus dem Handel sind in der Regel einfach zu bekommen und anzuwenden und entsprechend beliebt bei Anfängern und Menschen, die wenig Zeit haben beziehungsweise wenig Zeit investieren wollen.

Heutzutage gibt es für fast jede Gemüseart, für jedes Gehölz und jede Pflanzengruppe einen Spezialdünger. Ich persönlich bin aber der Meinung, dass hier viel Geldmacherei mit im Spiel ist. Vergleicht man Inhaltsstoffe und Zusammensetzung auf den Verpackungen, stellt man sehr schnell fest, dass diese in den meisten Fällen identisch sind. Jeden guten Dünger für Obst können Sie also auch getrost für Beeren nutzen.

Anders sieht es dagegen aus, wenn es um Obstsorten mit speziellen Bodenansprüchen geht, wie etwa Heidelbeeren, Kulturheidelbeeren und Preiselbeeren. Diese Gewächse benötigen auf jeden Fall einen Spezialdünger, der auf Pflanzen abge-

stimmt ist, die einen niedrigen pH-Wert zum Gedeihen benötigen. Gleiches gilt für Zitruspflanzen, deren Düngung ebenfalls den besonderen Bodenverhältnissen angepasst werden muss. Damit Sie diesen Obstgehölzen gerecht werden, lohnt es, entsprechende Spezialdünger zu verwenden. Für die meisten beliebten Obstgewächse wie beispielsweise Äpfel, Birnen, Kirschen, Stachel- und Johannisbeeren genügt grundsätzlich auch ein ausgewogener Volldünger.

Die Wahl des passenden Düngers ist das eine, die richtige Anwendung das andere. Darum hier noch die wichtigsten Tipps zur Düngepraxis:

- *Von wann bis wann? Im Frühling in frische, mit Kompost angereicherte Erde getopfte Pflanzen brauchen erst ab Juni Nachschub. Andernfalls sollten Sie schon mit Beginn der Wachstumsphase im Frühjahr düngen. Ab August/September werden die Düngergaben dann wieder reduziert und bei laubabwerfenden Arten bis zum Winter komplett eingestellt. Immergrüne Pflanzen brauchen auch im Winter einmal monatlich Dünger.*

- **Wann ist der beste Zeitpunkt?** *Bei Pflanzen, die im Freien stehen und besonnt werden, ist der Morgen oder späte Nachmittag die beste Zeit. Auf keinen Fall bei voller Sonne gießen und düngen! Zudem sollten Sie den Dünger niemals auf trockene Erde ausbringen, denn dann können die Pflanzen die Nährstoffe nicht ausreichend aufnehmen. Darum vorab mit normalem Wasser angießen und erst danach Düngewasser geben.*
- **Wie oft?** *Anders als beim Gemüse unterscheidet man bei Obstgewächsen nicht zwischen Stark-, Mittel- und Schwachzehrern. Im Zweifel gilt hier: Weniger ist oft mehr! Betrachten Sie die Angaben der Hersteller zum zeitlichen Abstand zwischen den Düngergaben daher immer als absolute Obergrenze! Das richtige Düngeintervall hängt vielmehr vom Typus der Pflanze ab. Einjährige, die innerhalb einer Saison volle Leistung bringen, brauchen öfter Dünger als Mehrjährige, von denen man kein stürmisches Wachstum erwartet.*
- **Wie viel?** *Überdüngung hat nicht nur gesteigertes Wachstum mit Ausbildung schwacher Triebe zur Folge, sondern kann gerade bei Hitze zur »Umkehrosmose« führen: Durch überreiche Düngergabe bei gleichzeitig rascher Verdunstung des Gießwassers ist die Salzkonzentration in der Erde höher als im Zellsaft der Wurzeln. Statt Wasser aufzunehmen, wird den Wurzeln Wasser entzogen, die Pflanze vertrocknet in nasser Erde.*
- **Gut mischen!** *Wenn Sie die Gießkanne zur Hälfte mit Wasser füllen, dann den Dünger hinzufügen und die Kanne mit Wasser auffüllen, ist auch ohne Rühren eine gute Durchmischung gegeben.*

Kompost und Wurmkompost

Meiner Meinung nach gibt es fast nichts, was besser und einfacher in der Handhabung ist als Kompost oder Wurmkompost. So besteht hier schon mal nicht die Gefahr der Überdüngung, da bei reifem Kompost die organischen Bestandteile zwar schon sehr gut zersetzt und nahrhaft sind, die Nährstoffkonzentration aber weit unter der in Fertigdüngern, Mist & Co. liegt. Reifer Kompost riecht angenehm nach Erde und Waldboden, ist tiefschwarz, locker und krümelig. Bei Neubepflanzung sollten Sie etwa zwei Drittel gute Pflanzenerde mit einem Drittel Reifkompost mischen. Im weiteren Verlauf genügt es, wenn Sie alle zwei bis drei Monate ein bis zwei Handvoll Kompost erneut untermischen, außer bei Frost.

Auf dem Balkon ist es zwar nicht möglich, einen umfangreichen Komposthaufen anzulegen, aber es gibt Alternativen. So ist es in vielen Städten bereits möglich, kleine Mengen fertigen Humus in Kompostieranlagen zu kaufen. Oder Sie beschaffen sich eine vom Platzbedarf her überschaubare Wurmkiste, in der Sie Ihren eigenen Wurmkompost herstellen. Ich verwende seit ein paar Jahren ausschließlich meinen eigenen Wurmkompost. Als wunderbares Nebenprodukt entsteht dabei eine Flüssigkeit namens »Wurmtee«, die 1:10 mit Wasser gemischt einen hervorragenden Flüssigdünger ergibt. Allerdings ist Letzteres nicht unbedingt etwas für empfindliche Nasen. Wer keinen Platz und keine Lust auf eine Wurmkiste hat, der kann Wurmkompost inzwischen auch käuflich erwerben. Er wird genauso verwendet wie für den Gartenkompost beschrieben, Sie können damit sogar Ihren Zimmerpflanzen etwas Gutes tun: Wenn Sie diesen regelmäßig ein bis zwei Teelöffel davon zukommen lassen, können Sie sich die sonstige Düngung sparen!

Mist in Pelletform

Stallmist ist heute kaum noch zu bekommen, aber die düngende Eigenschaft ist schon seit Jahrtausenden bekannt. Da er extrem nährstoffreich ist, darf er niemals frisch an die Pflanzen verabreicht werden, sondern muss zuvor mindestens ein Jahr auf dem Komposthaufen reifen. Für den Balkon-

Im Gegensatz zu Stallmist enthalten Mistpellets die benötigten Nährstoffe in einer für Pflanzen verträglichen Konzentration, sie sind einfach anzuwenden und geruchsarm – also ideal für Balkongärtner!

gärtner also eher unpraktikabel! Doch warum nicht auf Mist in Pelletform zurückgreifen und damit düngen? Das ist eine saubere Sache und extrem einfach in der Anwendung, weshalb man sich auch in der Stadt oder als Anfänger durchaus an diese »natürliche Art« der Düngung heranwagen darf. Je nach »tierischem Urheber« kommt Mist auf unterschiedliche Weise zum Einsatz:

- *Pferdemist-Pellets* sind ein geruchsarmer, anwendungsfertiger, nährstoffreicher Dünger, der für Obstgewächse allgemein gut geeignet ist.
- *Rindermist* in getrockneter oder in Pelletform eignet sich auch für Obstpflanzen. Er ist ganzjährig einsetzbar, aber besonders im Frühjahr vor Beginn der Wachstumsperiode empfehlenswert.
- *Hühnermist-Pellets* enthalten im Vergleich zu anderen Düngern wesentlich mehr Stickstoff und Kalium. Letzteres sorgt für ein besseres Immunsystem der Gewächse. Weil die Pellets reichhaltig sind, braucht man nur wenig davon, kann aber auch leichter überdosieren. Pflanzen wie Blaubeeren, Heidelbeeren oder Preiselbeeren reagieren negativ auf diesen Dünger und sollten auf keinen Fall damit gedüngt werden.

- *Guano* besteht aus den Exkrementen von Pelikanen, Tölpeln und anderen Seevögeln. Der Kot der Fischfresser enthält sehr viel Stickstoff und Phosphor. Guano ist sehr ergiebig, aber auch anspruchsvoll in der Anwendung – und geruchsintensiv! Ja nicht zu viel verwenden, sonst verbrennen die Pflanzen, unbedingt Handschuhe tragen und auf keinen Fall den Staub einatmen. Zu beachten ist auch, dass kein Düngerstaub auf die Blätter gelangt, das schädigt die Blätter.

Hornspäne

Hierbei handelt es sich um ein tierisches Abfallprodukt aus den Hörnern geschlachteter Rinder, das als organischer Stickstoffdünger im Frühjahr und Herbst der Pflanzenerde untergemischt werden kann. Mit Hornspänen ist ebenfalls keine Überdüngung möglich, da sich das Granulat nur sehr langsam zersetzt. Einfach jeweils ein bis zwei Handvoll der Pflanzenerde untermischen oder in die Erdoberfläche einarbeiten. Hornspäne sind in unterschiedlicher Körnung erhältlich. Wenn sie als Langzeitdünger zur Anwendung kommen sollen, ist eine Körnung von 4–7 mm optimal.

NATÜRLICHER PFLANZENSCHUTZ

Vorbeugung ist die beste Medizin, doch auch bei richtigem Standort, regelmäßigem Gießen und einer bedarfsgerechten Nährstoffversorgung sind Pflanzen nicht gegen Pilz- und Schädlingsbefall gefeit. Die chemische Keule sollte dennoch die letzte Wahl sein, und zwar sowohl zugunsten der Natur als auch im Hinblick auf Ihre Ernte.

Auch bei allerbester Pflege kann es immer mal passieren, dass Ihre Schützlinge von Schädlingen wie Blattläusen, Spinnmilben, Schildläusen oder Frostspannern befallen werden. Um dieser Situation Herr zu werden, sollten Sie möglichst nur natürliche Spritzmittel auf Ihrem Balkon einsetzen, da sie gesundheitlich unschädlich sind. Geeignete Mittel sind zum einen im Handel erhältlich, man kann sich aber auch selbst helfen.

RECHTZEITIG VORSORGE TREFFEN

Um Schädlingsbefall vorzubeugen, sollten Sie Ihre Obstgehölze regelmäßig spritzen. Idealer Zeitpunkt dafür ist der beginnende Frühling. Insekten legen ihre Eier bevorzugt an Blättern und Knospen ab. Zeigen sich erste Triebe, stehen die Larven kurz vor dem Schlüpfen. Und genau zu diesem Zeitpunkt sind sie recht anfällig und können daher sehr gut bekämpft werden. Behandeln Sie Ihre Obstgehölze zu früh, befinden sich die Eier noch in der Ruhephase und trotzen dem Spritzmittel, sind Sie dagegen zu spät dran, nehmen die jungen Blätter zumeist schon Schaden. Da die Larven teilweise auch im Boden überwintern, sollten Sie immer auch die Erdoberfläche gründlich mitbehandeln. Wählen Sie dazu einen Zeitpunkt, an dem die Pflanzen nicht praller Sonne, aber auch keinem Regen ausgesetzt sind.

ALLHEILMITTEL BRENNNESSEL

Bisher habe ich noch sämtlichen Läusebefall mit Brennnesseljauche oder -sud (→ Seite 38) aus der Welt schaffen können. Das Allheilmittel wirkt obendrein nicht nur schädlingsabwehrend, sondern versorgt die Pflanzen zugleich mit Stickstoff, Kalium und weiteren wichtigen Mineralien wie zum Beispiel Kieselsäure. Das sorgt für saftig grüne Blätter, einen straffen Wuchs, gesundes Wachstum und einen guten Fruchtansatz. Brennnesselsud wird unverdünnt gespritzt, Brennnesseljauche hingegen 1:10 mit Wasser verdünnt. Besprühen Sie die mit Schädlingen befallenen Pflanzen täglich in den frühen Morgenstunden, damit die Feuchtigkeit bis zum Abend abtrocknen kann. Wenn die Läuse dann verschwunden sind,

Brennnesselsud ist schnell und nahezu geruchsfrei herzustellen. Damit ist er bestens für den natürlichen Pflanzenschutz in Ihrem Cityobstgarten geeignet.

Raubritter Siebenpunkt – vor allem sein Nachwuchs verputzt während des dreiwöchigen Larvenstadiums unzählige Läuse!

führen Sie die Behandlung noch zwei bis drei Tage weiter, damit auch wirklich alle Entwicklungsstadien erfasst sind.

Brennnesselsud können Sie übrigens auch in der Stadt schnell, einfach und geruchsfrei herstellen: Hierzu einen Behälter mit 10 l Fassungsvermögen mit ca. 1 kg grob zerkleinerten Brennnesseln befüllen. Verwenden Sie dazu ausschließlich frische, noch nicht blühende Triebe. Anschließend füllen Sie das Gefäß mit kaltem Wasser auf. Dann umrühren und alles 12–24 Std. im Schatten stehen lassen. Eine Abdeckung, zum Beispiel ein Gitter, gewährleistet, dass keine Insekten oder Tiere im Sud ertrinken. Doch keinesfalls einen fest schließenden Deckel auflegen, die Flüssigkeit benötigt Sauerstoffzufuhr. Eventuell zwischendurch hin und wieder umrühren. Nach spätestens 24 Stunden ist der Sud gebrauchsfertig. Vor Gebrauch abseihen und die Stängel und Blätter im Kompost oder in der Biotonne entsorgen. Falls noch Sud übrig bleibt, heben Sie den Rest in einem verschlossenem Gefäß auf oder verwenden ihn zum Gießen, der Sud kann so zum Einsatz kommen, wie er ist, er muss nicht verdünnt werden.

SPRITZEN MIT RAPSÖL

Ein Pflanzenschutzmittel, das zugleich Nahrungsmittel und somit völlig unschädlich für uns Menschen ist? Ja das gibt's! Eine Mischung aus 70 Anteilen Wasser und 30 Anteilen Rapsöl bildet eine milchig, ölige Flüssigkeit, die sich hervorragend zur Bekämpfung von Blattläusen, Spinnmilben, Schmier- oder Schildläusen und Weißer Fliege eignet. Auch Frostspanner, Kirschfruchtfliegen, Zikaden oder Pflaumenwickler haben keine Chance. Das ölige Gemisch zeigt sogar gegen Insektenlarven und bereits vorhandene Eiablagen Wirkung. Keinen Erfolg verspricht dagegen die Behandlung bei Befall mit Schorf oder Monilia. Zudem sollten Sie dieses Spritzmittel nicht bei jungen Blüten- und Blattaustrieben verwenden, sondern nur, wenn sich im Laufe des Jahres verschiedene Schädlinge an den Pflanzen einstellen. Dann ist es das ideale Gemisch zur Anwendung bei Beerensträuchern (insbesondere Johannis-

und Stachelbeeren), Kernobst oder auch Steinobst. Setzen Sie der Flüssigkeit noch ein wenig Backpulver hinzu, so haben Sie zusätzlich einen Schutz gegen Mehltau, falls Sie auf dem Balkon noch Gemüsesorten wie Gurken, Kürbis oder Zucchini etc. gepflanzt haben.

Mit Kaffeesatz gegen Trauermücken

Sollten Ihre Pflanzgefäße einmal unerwünschte Untermieter wie die Trauermücke aufweisen, so gibt es ein probates Mittel, dem entgegenzuwirken: erkalteter Kaffeeaufguss! Dazu einfach 100 ml Kaffee mit 100 ml Wasser verdünnen und in den Pflanzkübel geben. Die Larven der Trauermücke sterben dadurch ab. Diese Mischung können Sie ebenso sprühen, falls Sie an Ihren Gewächsen Blattlausbefall feststellen.

TIERISCH GUTE HILFE

Holen Sie sich zur Bekämpfung der Blattläuse doch einfach Hilfe und siedeln Sie nützliche Insekten auf Ihrem Balkon an! Damit leisten Sie einen großen Beitrag zum natürlichen Pflanzenschutz bei Ihren Obstgehölzen. Genaueres hierzu erfahren Sie im Kapitel Tier- & Insektenparadies (→ Seite 126), dennoch sollen hier schon mal zwei Möglichkeiten genannt sein, wie Sie wirksam gegen Läusebefall vorgehen können!

Marienkäfer

Marienkäfer-Larven (*Adalia bipunctata*) rücken Blattläusen empfindlich auf die Pelle, das gilt im Gewächshaus, aber auch im Freiland bzw. auf dem Balkon. Die Larven ernähren sich während ihrer Entwicklung ungefähr drei Wochen lang von Blattläusen. Dabei werden im letzten Larven-Stadium sogar 50–100 Läuse am Tag verzehrt. Nach drei Wochen erfolgt die Verpuppung und wieder eine Woche später schlüpfen die Käfer aus. Auch erwachsene Marienkäfer fressen noch Blattläuse, bei ausreichendem Futterangebot bleiben

sie nur zu gerne auf dem Balkon. Zur Überwinterung brauchen die ausgewachsenen Käfer jedoch Verstecke, wie beispielsweise in Nischen von Hausfassaden oder unter Rinden. Bei der Suche nach einem geeigneten Winterquartier wird ein Marienkäferhaus auf dem Balkon nur zu gerne angenommen! Wie Sie Marienkäfer-Larven gegen Blattläuse einsetzen? Das geht so:

- *Die Marienkäfer-Larven erst beim Auftreten der Schädlinge kaufen oder bestellen, nicht vorab!*
- *Die Larven befinden sich auf Papierstreifen, die in den Pflanzenbestand gehängt werden.*
- *Bei Einsatz im Freiland sind Temperaturen von mindestens 12 °C notwendig.*
- *Die Marienkäfer-Larven sofort nach Erhalt ausbringen, auf keinen Fall die Larven lagern!*

Für eine Fläche von ca. 10 m² benötigt man etwa 30 Larven, bei einer Fläche von 20 m² sollten es dementsprechend ca. 60 Larven sein.

Florfliegen-Larven

Marienkäfer-Larven können prima in Kombination mit Florfliegen-Larven ausgebracht werden. Neben Bienen und Hummeln sind auch Florfliegen überaus nützliche Insekten auf dem Balkon, da sie etliche Blattläuse und Milben verzehren und dadurch die Pflanzen von unliebsamem Besuch befreien. Im Gegensatz zu Marienkäfer-Larven können Florfliegen sogar zur Schädlingsbekämpfung in Innenräumen eingesetzt werden. Dafür überstehen sie den Winter im Freien nur sehr schwer. Daher ist es ratsam, diese nützlichen Helfer mit einem Florfliegenkasten zu unterstützen, den sie im Winter als Unterschlupf, im Sommer gleichzeitig zur Eiablage nutzen können. Den Florfliegenkasten dann mit Stroh füllen und an einem windgeschützten Standort anbringen. Optimal ist eine Süd- bis Südostausrichtung. Auf keinen Fall sollte der Kasten mit Lack oder Holzschutzmittel gestrichen werden, das ist schädlich für die Tiere und deren Nachkommen!

KLEIN, ABER FEIN –
die besten Sorten für Gefäße

Von wegen in Töpfen gedeihen nur Erdbeeren! Auf Balkon und Terrasse können Sie nahezu alle gängigen Obstarten anbauen, vorausgesetzt, Sie wählen die richtige Sorte für den richtigen Standort. Dieses Kapitel bietet Ihnen einen Überblick über verschiedene Obstgewächse, ihre Ansprüche an Standort und Pflege, aber auch darüber, welche Sorten wunderbar platzsparend im Kübel gedeihen. Zudem besitzen viele Gewächse die Fähigkeit zur Selbstbefruchtung, sodass in diesem Fall ein Bäumchen oder ein Strauch der jeweiligen Sorte ausreicht.

MIT MASS UND ZIEL –
Obstgewächse auswählen

Ob Äpfel, Birnen, Kirschen, Johannisbeeren oder Exoten – fast jede Obstsorte gedeiht auch in Töpfen. Welche Eigenschaften Obstgewächse zu idealen Kübelpflanzen machen und worauf Sie bei der Auswahl achten sollten, darum geht es auf den nächsten Seiten.

Auch bei Balkonobst gilt: Das Angebot an Bäumchen, Sträuchern oder Stämmchen ist schier unüberschaubar. Allein schon bei Erdbeerpflanzen gibt es unzählige Sorten, sodass man oft gar nicht weiß, für welche man sich entscheiden soll. Was also sind zuverlässige Kriterien, nach denen wir unsere Auswahl treffen können? Oftmals ist allein der geschmackliche Aspekt ausschlaggebend für die Kaufentscheidung oder gar, welche

ART ODER SORTE

Ist das nicht einerlei? Im Alltag reden wir von verschiedenen Obstsorten, wenn wir Äpfel mit Birnen vergleichen. Botanisch gesehen handelt es sich allerdings um Arten. Von der Obstart Apfel, der botanische Name lautet *Malus*, gibt es dann unterschiedliche Sorten. Die Bezeichnung Sorte stammt aus der Pflanzenzucht. Verschiedene Sorten haben auch verschiedene Eigenschaften. Und diese Feinheiten sollten Sie kennen, um eine Wahl treffen zu können. Auf keinen Fall lohnt es, sich irgendeinen Apfelbaum zu kaufen.

Farbe die Früchte haben sollen. Wer dabei noch die natürlichen Voraussetzungen auf Balkon oder Terrasse berücksichtigt (→ Seite 8), denkt schon einen Schritt weiter. Doch nicht zuletzt braucht man auch Informationen zu den verschiedenen Obstarten, ihren Eigenschaften und Wuchsformen, um entscheiden zu können, welche Pflanze zum jeweiligen Standort passt:

- *Wie groß wächst sie?*
- *Wie breit wächst sie?*
- *Welche Pflege braucht sie?*
- *Ist sie selbstfruchtend?*

Bevor ich diese Fragen zu beantworten versuche, hier noch ein paar allgemeingültige Infos zu Eigenschaften, Wuchs und dem richtigen Schnitt.

WIE GROSS?

Achten Sie beim Kauf von Obstbäumchen für Gefäße unbedingt darauf, um welche Wuchsform es sich handelt. **Zwerg-Obstbäumchen** wurden für den kleinsten Freiraum gezüchtet und auf Unterlagen veredelt, die ihnen diese bleibende Kleinwüchsigkeit dauerhaft verleihen. **Zwerg-Obstbäumchen** (oder **Mini-Obstbäumchen**) die für Balkon oder Terrasse geeignet sind, überschreiten kaum **1,50 m Wuchshöhe,** erzeugen aber **normal große Früchte.** Sie sind auch ideal für kleine

Bei Duo- oder Trio-Obstbäumen mit zwei bis drei unterschiedlichen Sorten an einer Pflanze brauchen Sie sich wegen fehlender Fremdbestäubung keine Sorgen mehr zu machen.

Schrebergärten, wo nicht viel Platz vorhanden ist. Anders verhält es sich bei **Miniobst**-Bäumen (bzw. **Zwergobst**-Bäumen). Achten Sie unbedingt beim Kauf auf diesen Unterschied, damit es keine bösen Überraschungen gibt. Miniobst-Bäume können durchaus **2–3 m Höhe** oder sogar noch mehr erreichen, die **Früchte** sind aber in **Miniatur,** wie zum Beispiel der Mini-Apfel 'Appletini®' oder die Miniatur-Birne 'Bambinella®'. Der Handel bezeichnet manchmal auch Zwerg-Obstbäume als kleinwüchsig, obwohl sie 3 m groß werden. Das liegt daran, dass normal wachsende Obstgehölze teilweise weit über diese Höhe hinausgehen.

WIE HOCH?

Bei Obstbäumen unterscheidet man zwischen Fußstamm, Halbstamm und Hochstamm. Die Maße beziehen sich dabei immer nur auf den Stamm selbst. Von daher sollten Sie beim Kauf immer bedenken, dass die Krone noch mit einkalkuliert werden muss.
Bei einem **Fußstamm** beträgt die Stammhöhe 40–50 cm, bei einem **Halbstamm** liegt diese bei 80–150 cm und vom **Hochstamm** spricht man ab 150 cm Höhe. Hochstamm und Halbstamm benötigen einen Stützpfahl bei der Pflanzung, der bis in die Krone hineinreichen muss.

WIE BREIT?

Säulenobst, also Obstbäume, die schlank wie eine Säule nach oben wachsen, sind platzsparend, obwohl sie durchaus 250–300 cm oder gar noch größer werden können. Das kommt ganz darauf an, wie viel Höhe Sie Ihren Bäumchen im Laufe der Jahre zugestehen wollen. Hinsichtlich der Wuchsbreite reicht die Spanne von 20–100 cm. Doch auch bei Säulenobst gibt es Unterschiede: Manche Sorten sind und bleiben von Natur aus schlank, die anderen zeigen durchaus Neigung, Seitentriebe zu bilden (Pilarwuchs), und brauchen dementsprechend ein bisschen Schnitt, um ihre gute Figur zu behalten. Im Gegensatz zur klassischen Obstbaumform mit einem ausgeprägten Stamm und einer Krone befinden sich die ersten Seitentriebe hier allerdings bereits ab einer Höhe von 30–40 cm am Hauptstamm.
Um festzustellen, ob Sie eine echte oder unechte Säule vor sich haben, lohnt wiederum ein sorgfäl-

U-Säulen brauchen mehr Platz als Säulenobstbäumchen. Da die Form durch zwei Leittriebe derselben Sorte gebildet wird, ist zumeist eine Bestäuberpflanze nötig.

Obstbäumchen sind nahezu ganz-jährig eine Augenweide: Im Früh-jahr erfreuen sie mit zarten Blüten, im Spätsommer mit Früchten, im Herbst mit buntem Laub.

tiger Blick auf die Sortenbeschreibung. Oft wird hier Schindluder getrieben, indem die jungen Bäumchen »schlank« gezogen werden und sich erst im Nachhinein herausstellt, dass sie längst nicht so schlank bleiben wie angekündigt.

SELBSTFRUCHTEND ODER NICHT?

Es gibt Obstsorten, die sich selbst befruchten, andere wiederum benötigen ein zweites Exemplar der gleichen Art, damit die Bestäubung sicher gewährleistet ist. Sich auf die Obstbäume in Nachbars Garten zu verlassen reicht in vielen Fällen nicht aus. Denn zum einen gibt es immer weniger Insekten, die dann auch noch den Weg zu Ihrem Balkon finden müssen, um Ihre Pflanzen zu bestäuben. Zum anderen muss die Blüte-zeit der Bäume und Sträucher übereinstimmen, damit eine Befruchtung stattfinden kann. Beerensträucher oder -stämmchen sind in der Regel alle selbstfruchtend, sodass sie mit der Zeit

auch ohne Partner reichlich Früchte hervorbrin-gen. Bei Kern- und Steinobst sind ebenfalls zahl-reiche selbstfruchtende Sorten erhältlich. Grundsätzlich gilt jedoch, dass Sie auch bei Selbstbefruchtern den Ernteerfolg durch ein weiteres Exemplar der gleichen Obstart deutlich erhöhen können. Hin und wieder finden Sie in der Sortenbeschreibung zu Bäumchen oder Strauch genauere Hinweise, welche Bestäuber-sorte hierfür jeweils ideal wäre.

DUO- ODER TRIO-OBSTBÄUME

Wer ausreichend Platz hat, kann sich bei Kern- oder Steinobst auch für sogenannte Duo- oder Trio-Obstbäume entscheiden. Hier brauchen Sie sich um die Bestäubung keine weiteren Gedanken zu machen, denn die Obstsorten dieser Bäume sind so aufeinander abgestimmt, dass sie sich gegenseitig befruchten. Diese Bäumchen werden in der Regel um die 300 cm hoch oder gar höher.

Sie tragen zwei bzw. drei unterschiedliche Obstsorten der gleichen Obstart auf einem Stamm, wie beispielsweise eine gelbe und eine blaue Pflaumen- oder Zwetschgensorte. Oder drei verschiedene Kirschsorten, eine gelbe, eine dunkle und vielleicht noch eine hellrote Kirsche. Zu dem Vorteil, dass sich die einzelnen Obstsorten gegenseitig befruchten, kommt eine verlängerte Erntezeit, da die einzelnen Früchte nacheinander reifen. Allerdings rate ich dringend davon ab, die normal wachsenden Duo- oder Trio-Obstbäume auf einem Balkon in höheren Etagen oder auf einer Dachterrasse zu pflanzen – selbst wenn Sie den Platz dafür hätten. Zum einen erreichen diese Bäumchen samt Kübel und Pflanzerde ein beachtliches Gesamtgewicht, zum anderen bieten sie den auch bei uns in Deutschland stärker, heftiger und vermehrt auftretenden Stürmen und Orkanen eine große Angriffsfläche. Kaum auszudenken, was alles passieren kann, wenn ein Orkan das Bäumchen packt und vom Balkon oder der Dachterrasse reißt! Auf einer großen Terrasse oder auch im Kleingarten sind Duo- und Trio-Obstbäume dagegen durchaus eine Augenweide, und wenn hier der Sturm angreift, fällt der Kübel eben einfach nur um …

U-FORM

Bei U-Form-Säulen handelt es sich im Gegensatz zu Duo- oder Trio-Obstbäumchen um zwei gleiche Obstsorten, die auf einem Stamm wachsen. Sie haben einen kurzen Hauptstamm und ab 30–40 cm Höhe teilt sich dieser in zwei Leittriebe, an denen sich dann jeweils rundherum kurze Seitentriebe bilden. Optisch wirkt diese Wuchsform wie ein großes »U«. Auch U-Form-Säulen sind nur bei großzügigem Platzangebot für Terrassen oder Kleingärten zu empfehlen. Kombiniert man mehrere Exemplare von Säulenbäumchen oder U-Form-Säulen in einer Reihe, lässt sich ein wunderbarer Sichtschutz schaffen!

TRIEBVERLÄNGERUNG BEI SÄULENOBST

Leider kommt es ab und an vor, dass Säulenobst mit gekappter Triebspitze geliefert wird, sodass das Bäumchen nicht mehr nach oben wachsen kann. Zunächst ist man verärgert, doch hier lässt sich für Abhilfe sorgen:

- Suchen Sie sich am Hauptstamm einen jungen Seitentrieb, der 5–8 cm unterhalb der gekappten Triebspitze ansetzt. Diesen binden Sie nun ganz behutsam mit Pflanzen- oder Kabelbindern hoch. Doch Vorsicht, dass der Trieb dabei nicht abbricht! Je jünger das Holz ist, desto leichter lässt sich der Trieb nach oben biegen.

- Einige Tage später spannen Sie den Trieb etwas mehr, sodass er sich weiter nach oben aufrichtet. In dieser Weise fahren Sie fort, bis er parallel zum Hauptstamm ausgerichtet ist. Hierbei ist extreme Achtsamkeit geboten. Lieber Geduld haben und etwas länger mit dem Nachspannen warten, als zu riskieren, dass der Trieb bricht.

- Ist der Trieb dann senkrecht aufgerichtet, belassen Sie den Pflanzen- oder Kabelbinder noch so lange an seinem Platz, bis der Ast verholzt ist. Allerdings müssen Sie ihn in regelmäßigen Abständen etwas lockern, da der Jungtrieb an Umfang zunimmt und sonst dessen Rinde durch die Befestigung beschädigt wird. Pflanzenbinder haben dabei den Vorteil, dass sie in der Größe verstellbar sind und sich so auch mühelos wieder weiterstellen lassen. Bei Kabelbindern müssen Sie dagegen immer wieder die alten entfernen und neue verwenden, um dem verlängerten Trieb mehr Freiraum zu gewähren.

BAUM ODER STRAUCH?

Beerenobst gedeiht – je nach Art – am Spalier, als Strauch oder als Hochstamm. So sind beispielsweise die langen, biegsamen Ruten von Himbeeren und Brombeeren dringend auf Unterstützung angewiesen, daher zieht man diese traditionell am Spalier. Johannisbeeren oder Stachelbeeren erweisen sich dagegen auch als Sträucher standhaft, obendrein lassen sich diese Beerenarten sehr gut als Hochstamm kultivieren.

Normalwüchsige Beerensträucher können eine Höhe von 150 cm oder mehr erreichen und in gleichem Umfang in die Breite wachsen. Doch sowohl bei Johannisbeeren wie auch bei Stachelbeeren gibt es inzwischen schon kleinwüchsige Sträucher als Zuchtformen, die nur noch eine Höhe von 60–70 cm erreichen. Von Natur aus niedriger bleiben Waldheidelbeeren, Kulturheidelbeeren und Preiselbeeren, die teilweise sogar als recht kleine Büsche mit einer Endwuchshöhe von 40–60 cm erhältlich sind, Preiselbeersträucher bleiben teilweise sogar noch kleiner.

Allen Beerensträuchern gemeinsam ist die Eigenschaft, dass sie extrem schnittverträglich sind. Darum kann man ihre Wuchshöhe beliebig den jeweiligen Gegebenheiten anpassen. Allerdings kann man durch den richtigen Schnitt zur richtigen Zeit den Fruchtansatz und somit die Ernte deutlich erhöhen (→ Seite 48).

KLETTERER UND KLIMMER

Wer von Kletterobst hört, denkt wahrscheinlich als Erstes an einen **Weinstock** mit seinen köstlichen weißen oder roten Trauben. Diese frohwüchsige, winterharte Kletterpflanze rankt sich malerisch um Pergolen und Lauben, kann aber auch ganze Hausfassaden begrünen. Spalierreben erreichen dabei durchaus eine Breite von 6–8 m. Für Balkon und Terrasse sollten Sie daher unbedingt zu speziellen Züchtungen greifen, die klein bleiben und in mittelgroßen Gefäßen gedeihen.

Diese Sorten (→ Seite 69) können Sie dann entweder als frei stehenden Stock ziehen, was insbesondere bei wenig Platz überaus praktisch ist, oder an einem kleinen Klettergerüst entlangleiten.

Doch neben Wein gibt es noch weitere kletternde Obstpflanzen, die Ihr Balkonparadies mit ihrem Blattschmuck und ihren Früchten bereichern. So können auch **Kiwis** in unseren Breiten ganzjährig im Freien verbleiben. Da viele Sorten der klassischen Kiwi nicht selbstfruchtend sind und sehr groß werden können, rate ich zu Traubenkiwis, auch als Mini-Kiwis bekannt. Diese bleiben nicht nur deutlich kleiner, sondern sind teilweise auch selbstfruchtbar (→ Seite 85). Bei anderen wird die Befruchtersorte gleich im Topf mitgeliefert: Beim Kiwi-Tower beispielsweise wachsen zwei bewährte Kiwisorten in einem Topf: 'Bayern-Kiwi' und 'Kiwi Issai'. Die weibliche Bayern-Kiwi-Pflanze wird von Issai mit befruchtet, sodass eine reiche Ernte garantiert ist. Wer es schnell, unkompliziert und einjährig mag und einen sehr sonnigen Standort aufzuweisen hat, ist mit der **Kiwano** gut beraten, auch als Horngurke oder Hornmelone bekannt. Die einjährige Pflanze mit bis zu 3 m langen Ranken gehört zur Familie der Kürbisgewächse und mag es entsprechend ihrer Herkunft aus Süd- und Zentralafrika warm und sonnig. Darum muss sie im Frühjahr im Haus vorgezogen werden und darf erst nach den Eisheiligen ins Freie. Erhält sie dann noch einen geschützten Standort nahe einer sonnenbeschienenen Wand, erfreut sie ab Juli oder August mit gestielten gelben Blüten, aus denen sich die exotischen, igelig bestachelten Früchte entwickeln. Diese sind erntereif, sobald sie sich gelb verfärben, müssen dann aber bei Zimmertemperatur nachreifen, bis sie eine gelborangene Farbe angenommen haben. In nicht zu warmen Räumen sind sie einige Wochen bis Monate haltbar. Das Innere ist gallertartig grün und schmeckt sehr erfrischend nach einer Mischung aus Gurke, Zitrone und Banane.

DER RICHTIGE SCHNITT

Die Wahl kleinwüchsiger Sorten ist die erste Voraussetzung dafür, dass Ihnen Ihr Cityobst auf Balkon und Terrasse nicht über den Kopf wächst. Doch nur der regelmäßige Schnitt hält die kompakte Form aufrecht und garantiert reichen Fruchtansatz.

ZWERG-OBSTBÄUMCHEN

Im Vergleich zu normalwüchsigen Obstbäumen müssen Zwergformen in kürzeren Abständen und somit regelmäßiger geschnitten werden als ihre großen Verwandten im Obstgarten.

Wichtig ist, dass der erste Schnitt im Frühjahr vor dem Austrieb erfolgt. Entfernt werden sämtliche Äste, die sich überkreuzen, die parallel verlaufen oder deren Wuchs nicht nach außen gerichtet ist; solche Äste direkt am Leittrieb abschneiden. Dadurch ist eine gute Versorgung der restlichen Äste gewährleistet und Ihr Zwerg-Obstbäumchen entwickelt eine dichte, ertragreiche Krone.

Da nur die Teile eines Astes mit Nährstoffen versorgt werden, an deren Ende eine Knospe wächst, sollte der Schnitt immer 0,5 cm oberhalb einer nach außen gerichteten Knospe erfolgen. Setzen Sie die Schere zu nah an der Knospe an, trocknet diese ein, bleibt zu viel Überstand, stirbt der Aststummel ab und der Baum kann die Schnittstelle schlecht überwachsen. Am besten schneiden Sie falsch wachsende Äste regelmäßig aus. So behalten Sie den Überblick und das Bäumchen steckt keine Energie in störende Pflanzenteile.

Links: Säulenobstbäumchen benötigen lediglich einen Erhaltungsschnitt. Dabei werden nur die Triebe, die »aus der Reihe tanzen«, eingekürzt.
Rechts: Zum Auslichten von Zwerg-Obstbäumchen entfernen Sie sich überkreuzende, parallel verlaufende oder nach innen gerichtete Äste direkt am Leittrieb. Zum Kürzen von Ästen den Schnitt 0,5 cm über einer nach außen gerichteten Knospe setzen.

Ältere Triebe von Johannisbeer-
sträuchern werden im Frühjahr
komplett entfernt, jüngere Triebe
oberhalb eines nach außen gerichteten Auges eingekürzt.

Bei Herbsthimbeeren alle Triebe,
bei Sommerhimbeeren nur die in
diesem Jahr abgeernteten Ruten
bodennah abschneiden und die
jungen Triebe stehen lassen.

SÄULENOBSTBÄUMCHEN

Ob U-Form oder Säule – Säulenobstbäumchen
werden nach dem gleichen Prinzip geschnitten
wie die Zwergobstbäumchen. Es gibt aber auch
spezielle Zuchtformen, die nur eine Breite von
maximal 20–40 cm erreichen und so gut wie
keinen Schnitt benötigen. Falls einmal ein Ast aus
der Reihe tanzen sollte, können Sie diesen ganz
einfach einkürzen oder abschneiden, ansonsten
sind diese Gewächse extrem pflegeleicht.

BEERENSTRÄUCHER

Verjüngungsschnitt: Die meisten Beerensträucher tragen die besten Früchte am 2- bis 4-jähri-
gen Holz. Daher ist es sinnvoll, ältere Triebe im
Frühjahr komplett herauszuschneiden, da hier-
durch der Ansatz neuer Triebe gefördert und der
Strauch gleichzeitig ausgelichtet wird.
Größe begrenzen: Sollen die Äste lediglich etwas
gekürzt werden, dann schneiden Sie diese direkt

oberhalb einer Knospe/eines Auges, das nach
außen gerichtet ist, zurück. So ist gewährleistet,
dass der kleine Strauch in sich luftig bleibt und
die neuen Triebe nicht nach innen wachsen.
Je nach Sorte: Sommerhimbeeren und Brombeeren tragen ausschließlich am 2-jährigen Holz. Im
ersten Jahr wächst die Rute, im zweiten Jahr
fruchtet sie und erst dann darf die abgeerntete
Rute bis auf den Boden zurückgeschnitten werden. Herbsthimbeeren setzen dagegen an den im
gleichen Jahr ausgebildeten Ruten Früchte an,
weshalb diese direkt nach der Ernte komplett
entfernt werden. Vereinfacht kann man also bei
Himbeeren sagen: Nur abgeerntete Triebe werden
bis zum Erdreich abgeschnitten.

Die Pflegeleichten

Waldheidelbeer- und Kulturheidelbeersträucher
sind recht unempfindlich, was Schnittmaßnah-
men betrifft. Ähnlich verhält es sich mit Preisel-

beeren, ein regelmäßiger Pflegeschnitt ist nicht erforderlich. Es schadet jedoch nicht, altes, verkümmertes Holz auszuschneiden. Nach der Blüte Ende Mai/Anfang Juni sollten Sie die Büsche etwas auslichten, damit die Sonnenstrahlen bis tief in das Innere der Sträucher dringen können.

BEERENSTÄMMCHEN

Beerenstämmchen mit unschön gewachsenen Trieben oder einer zu dichten Krone können Sie mit nur wenigen Handgriffen in Form bringen:

1. Entfernen Sie zunächst abgestorbenes, vertrocknetes Holz wie auch alle jungen Triebe, die nach innen wachsen; Letztere werden bis an den jeweiligen Leittrieb abgeschnitten.
2. Wenn die Äste danach immer noch zu dicht stehen, binden Sie einzelne Triebe mittels Pflanzen- oder Kabelbindern an Bambusstäben in entsprechender Länge fest. Dann die Triebe einzeln ganz, ganz vorsichtig in die gewünschte Wuchsrichtung biegen und mittels Bambusstab an einem stabilen Ast in unmittelbarer Nähe fixieren. Auf diese Weise alle Äste, die im Inneren der Krone zu dicht stehen, neu ausrichten und auf den nötigen Abstand bringen.
3. Anschließend alle Triebe auf die gleiche Länge zurückschneiden, damit sich mit der Zeit eine regelmäßige, luftig-lockere Krone bildet.
4. Die Bambusstäbe sollten Sie so lange belassen, bis der jeweilige Ast verholzt ist und auch ohne Bindestab die gewünschte Wuchsrichtung beibehält. Die Binder mehrmals lockern, da der Trieb auch an Umfang zunimmt.
5. In den Folgejahren regelmäßig alle neuen nach innen wachsenden Jungtriebe entfernen, damit die Krone weiterhin luftig bleibt.

SONDERFALL STACHELBEERE

Der Schnitt bei Stachelbeeren unterscheidet sich von dem anderer Beerensorten. Grund genug, ihn an dieser Stelle gesondert zu beschreiben.

Stachelbeeren tragen an 1- bis 3-jährigen Trieben, die meisten Früchte finden sich allerdings an 1-jährigen Trieben, die an den alten Haupttrieben ansetzen. Wer besonders gute Ernten erzielen möchte, sollte also regelmäßig die Schere hervorholen.

Erziehungsschnitt: Bei im Herbst gepflanzten Stachelbeersträuchern geht es im darauffolgenden Frühjahr mit dem Erziehungsschnitt los: Wählen Sie vier bis sechs der kräftigsten Neutriebe und

Bei Johannisbeerstämmchen tote und nach innen wachsende Äste am Leittrieb entfernen, alle anderen auf gleiche Länge einkürzen.

Für den Erziehungsschnitt von Stachelbeeren im Frühjahr vier bis sechs kräftige Neutriebe um ein Drittel einkürzen, alle anderen Triebe abschneiden.

kürzen Sie diese um jeweils ein Drittel ein. Alle anderen Triebe werden direkt über dem Boden abgeschnitten. Um Pilzsporen keinen Nährboden zu bieten, sollten keine Aststummel stehen bleiben. Im Folgejahr gehen Sie genauso vor und wählen wiederum drei bis vier kräftige Neutriebe aus, sodass Sie im dritten Jahr ein Grundgerüst mit etwa acht kräftigen Trieben haben.

Erhaltungsschnitt: Ab dem dritten Jahr lichten Sie Ihre Stachelbeeren regelmäßig aus. Achten Sie darauf, dass Ihre Sträucher stets mehrere 1- bis 4-jährige Triebe aufweisen. Der Schnitt kann entweder im Sommer nach der Ernte (Juli–August) oder im Spätwinter (Februar–März) erfolgen. Letzteres hat den Vorteil, dass die laublosen Äste übersichtlicher sind. Bei älteren Sträuchern ist jedoch der Sommerschnitt besser, da die Triebe dann voll im Saft stehen und die Neutriebe mehr Platz bekommen. Die Regeln für den Erhaltungsschnitt sind im Grunde genommen recht einfach:

- *Altes Holz immer entfernen, um den Austrieb junger Triebe zu fördern. Stachelbeertriebe, die älter als fünf Jahre sind, erkennt man sehr gut an der dunkleren und raueren Rinde.*
- *Triebe, die nach innen wachsen, kahl sind oder zu dicht stehen, werden gleichfalls abgeschnitten,*

ebenso Seitentriebe im unteren Drittel der Pflanze, denn dort wachsen keine Früchte mehr.
- *Einjährige Seitentriebe bleiben immer stehen, daran bilden sich im Folgejahr Früchte.*
- *Die besten Früchte wachsen an den langen Enden der älteren Haupttriebe, daher sollten diese nicht zurückgeschnitten werden.*
- *Nach einem wettertechnisch schlechten Jahr, in dem nur wenig oder keine neuen Triebe ausgebildet wurden, schneiden Sie lediglich die Seitentriebe um zwei oder drei Augen zurück, sodass sich daran neue Triebe bilden.*
- *Um den Strauch fit zu halten, sollten Sie jährlich alte gegen neue Triebe austauschen. Dazu zwei bis drei Haupttriebe komplett abschneiden und dafür die gleiche Anzahl kräftiger, neuer Jungtriebe nachwachsen lassen. Werden diese zu lang, einfach um etwa ein Drittel einkürzen.*

Hochstämmchen: Der Schnitt von Stachelbeerstämmchen ist identisch zu dem von Sträuchern, nur dass man bei dieser Wuchsform lediglich vier bis sechs Haupttriebe belässt, damit die Krone nicht zu schwer wird. Alte Triebe, die bei den Stämmchen nach unten hängen, lassen im Ertrag nach, daher sollten diese von Februar bis März komplett am Kronenansatz entfernt werden.

WEINREBEN

Spalierreben sind kaum auf das Ausmaß von Balkon oder Terrasse einzudämmen. Dennoch müssen Sie in Ihrem Cityobstgarten nicht auf Weintrauben verzichten, denn es gibt mittlerweile auch ein paar kleinere Züchtungen (→ Seite 69). Weinreben tragen ausschließlich an neuen Trieben. Für ein Rankgerüst oder Spalier zieht man die Reben zunächst mit einem senkrechten Trieb in die Höhe und leitet dann dessen Nebentriebe als sogenannte Gerüsttriebe rechts und links vom Hauptstamm waagrecht in das Spalier. Die Fruchttriebe zweigen von den Gerüsttrieben ab, an ihnen bilden sich die Trauben.

Rückschnitt: Im Spätwinter oder beginnenden Frühjahr alle abgetragenen Fruchttriebe des Vorjahres auf zwei Knospen zurückschneiden.Daraus entwickeln sich zwei neue Seitentriebe. Damit sich die Fruchttriebe mit der Zeit nicht immer stärker verzweigen, entfernt man an mehrjährigen Fruchttrieben den äußeren der beiden Seitentriebe und kürzt den näher am Gerüsttrieb stehenden auf zwei Augen ein. Dadurch wird die Anzahl der Fruchttriebe auf ein Maß begrenzt, das der Gerüsttrieb ausreichend versorgen kann.

Verjüngungsschnitt: Nach einigen Jahren kann es notwendig werden, die Gerüsttriebe nach und nach zu verjüngen. Hierzu einen stammnahen Seitentrieb des zu ersetzenden Gerüsttriebs parallel zu diesem erziehen. Sobald sich der Jungtrieb ausreichend entwickelt hat, den alten Trieb bis zu dessen Ansatz zurückschneiden.

KIWIS

Kiwis sind extrem schnittverträglich und somit in unterschiedlichsten Formen erziehbar:

Als Säule: Leiten Sie Haupttriebe an einem Pfahl nach oben (1 Haupttrieb pro Pfahl). Zu lange oder überhängende Haupttriebe nach Wunsch einkürzen und ca. 50 % der Seitentriebe, bevorzugt ältere, verholzte, auf 1–3 cm zurückschneiden. Frische Seitentriebe auf 30–50 cm einkürzen.

Am Spalier: Kiwis lassen sich aber auch wie Weinreben an einem Rankgerüst oder Spalier erziehen. Mit ihrem üppigen Blattschmuck sorgen sie für einen zuverlässigen Sichtschutz oder dicht begrünte Wände. Für einen schönen Wuchs den Haupttrieb nach dem Eintopfen auf ca. 60 cm zurückschneiden. Es entwickelt sich eine seitliche Triebverlängerung, die Sie senkrecht nach oben führen und ca. 50 cm weiter oben abschneiden. Aus den sich bildenden Seitentrieben wählen Sie die kräftigsten aus und leiten diese seitlich am Gerüst entlang. Alle anderen abschneiden. An diesen Leittrieben bilden sich Seitentriebe, die noch im selben Jahr Früchte tragen. Nach der Ernte auf ein bis zwei Augen einkürzen.

Free-Style: Sie können aber auch einfach einige kräftige Haupttriebe in verschiedenen Richtungen in das Spalier leiten und die Kiwi im Herbst auslichten, indem Sie ältere Triebe bis auf einen jüngeren Seitentrieb zurückschneiden.

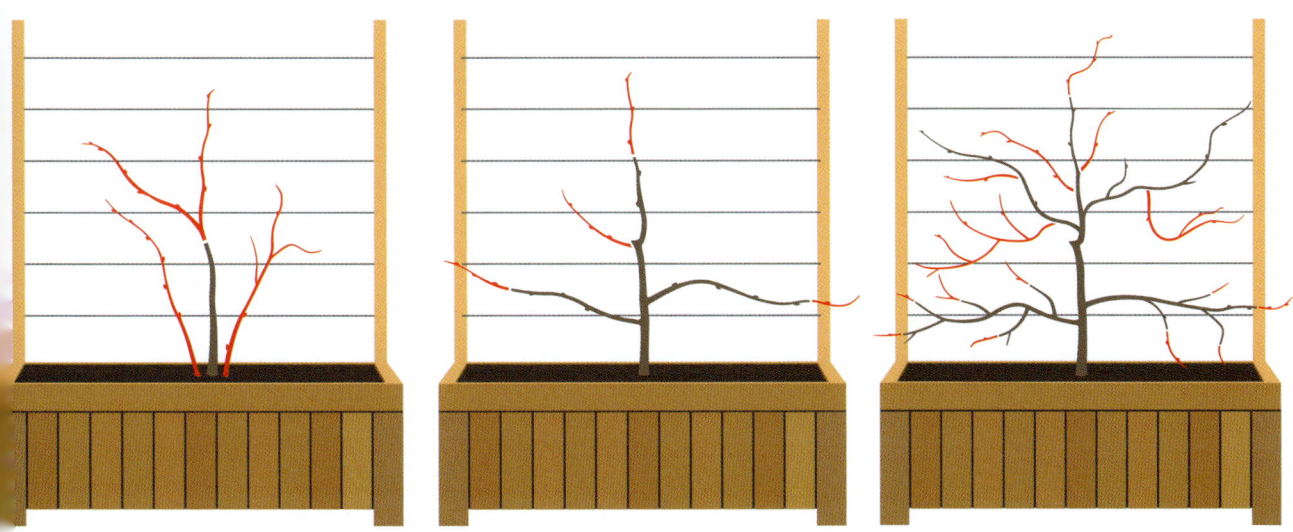

Kiwis und Weinreben tragen an neuen Trieben. Die ordentliche Führung an einem Spalier erleichtert es, den Überblick über das Alter der Triebe zu behalten.

KERN- UND STEINOBST

Gibt es etwas Schöneres, als einen saftigen, knackigen Apfel, eine Handvoll Süßkirschen oder eine leckere Birne vom eigenen Bäumchen zu ernten? Früchte frisch vom Baum schmecken eben einfach viel, viel besser als gekaufte und teilweise importierte Ware!

Standort: Am allerbesten gedeihen Ihre Stein- und Kernobstgehölze auf einem Südbalkon, und ja, wer Nutzer einer luftigen Dachterrasse ist, kann sich glücklich schätzen, denn dann sind Ihre Bäumchen oder Sträucher von Sonnenaufgang bis Sonnenuntergang mit Sonne versorgt. Bei guter Pflege sind dann auch sehr gute Ernten zu erwarten. Doch keine Sorge: Auch im Halbschatten sind Erträge möglich, allerdings fallen diese erfahrungsgemäß etwas geringer aus.

Wuchsformen: Kleinwüchsige Balkonobstbäumchen als Halb- oder Fußstamm, Säulenobstbäumchen oder U-Form-Säulen sind für Balkon und Terrasse ideal. Da diese dennoch eine gewisse Größe erreichen, ist es ratsam, selbstfruchtende Sorten zu wählen (→ Seite 44), sodass Sie jeweils nur ein Exemplar pro Obstsorte benötigen. Weiterhin empfehlen sich frühreifende Sorten, die bereits ab August oder September bis spätestens Oktober ihre Genussreife erreichen. Obstgewächse, deren Früchte erst spät geerntet werden können, sind nicht so gut für Topfgärten geeignet, da die Früchte oftmals nicht mehr ausreifen können.

Topf und Substrat: Der Pflanzkübel sollte den doppelten Umfang des Pflanzballens fassen. Manche Obstgewächse benötigen einen leicht lehmhaltigen Boden, spezielle Informationen hierzu finden Sie bei der Sortenbeschreibung ab Seite 53. Soweit nicht anders angegeben, kommen alle übrigen Obstbäumchen mit hochwertiger, humoser Pflanzenerde bestens zurecht.

Pflanzzeit: Stein- und Kernobstsorten, die im Container angeboten werden, können Sie das ganze Jahr über pflanzen, mit Ausnahme der frostigen Monate. Die optimale Pflanzzeit ist im Herbst, denn dann wachsen die Obstgehölze schon mal gut an und können im nächsten Frühjahr mit voller Kraft loslegen. Doch auch im Frühjahr, in den Monaten Februar bis Mai, ist eine Pflanzung noch möglich.

Düngung: Die erste Düngung erfolgt im Frühjahr, damit genügend Nährstoffe für Wachstum und Fruchtentwicklung zur Verfügung stehen, die letzte im Herbst nach der Ernte, damit die Pflanze auch für den Winter gut versorgt ist. Auf keinen Fall in der frostigen Zeit düngen! Während der Sommermonate sollten Sie sich nach den Dosierungsangaben auf der Verpackung richten, falls Sie einen handelsüblichen Volldünger verwenden. Mehr zur Düngung im Jahreslauf → Seite 32.

Schnittzeiten: Obstgehölze schneiden Sie optimalerweise im Frühjahr vor dem Austrieb, ansonsten wird nur ein sogenannter Formschnitt fällig, falls einmal ein Ast in die falsche Richtung wächst oder zu lang wird (→ Seite 47).

Winterhärte: Alle hier vorgestellten Kern- und Steinobstsorten sind winterhart, einen sorgfältigen Winterschutz vorausgesetzt (→ Seite 148).

EMPFEHLENSWERTE ZWERGAPFELBÄUMCHEN

Sorte/ Erntezeit	Standort/Größe	Gute Befruchtersorten	Frucht/Geschmack	Gut zu wissen
Zwergapfel 'Mini Cox® Coxdwarf®' 🍎 Sept.–Okt.	sonnig–halbschattig ↑ 100–150 cm ↔ 100–150 cm	'James Grieve', Ballerina-Sorten	groß, leuchtend rot, knackig/aromatisch, ähnlich dem Cox Orange, fruchtig frisch	widerstandsfähig gegen Schorf und Mehltau; direkt für den Frischverzehr oder zum Lagern
Zwergapfel 'Croquella' 🍎 Sept.	sonnig ↑ 120–150 cm ↔ 120–130 cm	'Roter Berlepsch', 'Cox Orange', 'Elstar', 'Gloster', 'James Grieve', 'Weißer Klarapfel'	mittelgroß, gelb-orange, fest, saftig/frisch säuerlich	Genussreife noch im Sept. nach kurzer Lagerung
Mini-Apfelbäumchen Maloni® 'Sally®' 🍎 bis Ende Sept.	sonnig ↑ bis 150 cm	'Roter Berlepsch', 'Cox Orange', 'James Grieve', 'Weißer Klarapfel', 'Goldparmäne', 'Prima'	normale Größe, leuchtend rot/leicht säuerlich, sehr spritzig	kann bis Feb. gelagert werden
Zwergapfel 'Starking' 🍎 Okt.	sonnig ↑ 150–200 cm		mittelgroß bis groß, außen braunrot, Fruchtfleisch grüngelb/saftig, melonenartiges Aroma, süß	guter Pollenspender; die Veredelungsstelle muss 5–10 cm über die Erde herausragen; Genussreife ab Nov. nach kurzer Lagerung
Apfelbaum Paradis® 'Fantasia®' 🍎 Ende Sept. (als Niederstamm)	sonnig ↑ 200–250 cm	Apfel Paradis® 'Sierra®', Apfelbaum Paradis® 'Utopia®'	klein, rund, rosa bereift, nach Lagerung leuchtend hellorange/sehr süß und aromatisch	Genussreife ab Nov. nach kurzer Lagerung; bis Feb. lagerfähig; perfekte Äpfel für Kinder

❶ 'Mini Cox® Coxdwarf®' schmeckt so aromatisch wie sein großer Bruder 'Cox Orange'.

❷ 'Croquella' wächst schön kompakt und und kugelig. Der Zwergapfel liefert mittelgroße, gelborangene Äpfel.

❸ 'Starking' besticht durch tiefrote Äpfel, die nach kurzer Lagerung süß-aromatisch schmecken.

EMPFEHLENSWERTE SÄULENAPFELSORTEN

Sorte/ Erntezeit	Standort/Größe	Gute Befruchtersorten	Frucht/Geschmack	Gut zu wissen
Herbstapfel 'Pidi' ✿ Mitte–Ende Sept.	sonnig–halbschattig, windgeschützt ↑ 100–150 cm ↔ 100–120 cm		mittelgroß bis groß, cremegelb und leuchtend rot/ süßsauer	tolerant gegen Mehltau, Feuerbrand und Krebs
Säulenapfel 'Coxcolumnar®' ✿ Aug.–Sept.	sonnig–halbschattig ↑ 180–250 cm ↔ ca.100 cm	'James Grieve', 'Goldparmäne', 'Jonathan'	mittelgroß, leuchtend rot, glattschalig/ Cox-Aroma	etwa vier Wochen lagerfähig
Säulenapfel 'Greencats' ✿ Sept.	sonnig ↑ 200–250 cm ↔ 20–40 cm	'Goldcats', 'Redcats' und 'Suncats'	saftig-grün, festes, weißes Fruchtfleisch/ süß, würzig, ähnlich Granny Smith	langzeitlagerfähig
Säulenapfel 'Redcats' ✿ Sept.	sonnig ↑ 200–250 cm ↔ 20–40 cm	'Goldcats', 'Greencats', 'Suncats'	rotgelb, knackig, festes Fruchtfleisch/ süß, säurebetont, ähnlich wie Gala	hohe Resistenz gegen die häufigsten Apfelkrankheiten
Säulenapfel 'Suncats' ✿ Ende Aug.–Sept.	sonnig ↑ 200–250 cm ↔ 20–40 cm	'Goldcats', 'Greencats', 'Redcats'	flächig rot, 200 g/ wenig Säure	unempfindlich gegenüber Pilzkrankheiten, Schorf oder Mehltau; winterhart
U-Form-Winterapfel 'Cox Orangen-Renette' ✿ Sept./Okt.	sonnig ↑ bis 250 cm ↔ 200–300 cm	Elstar	mittelgroß, gelbgrüne Grundfarbe und hell- bis braunrote Deckfarbe/ kräftig süßsäuerlich	besonders schöner, duftender Blütenflor; extrem schnittverträglich
Säulenapfel Malini® 'Dulcessa®' ✿ Sept./Okt.	sonnig–halbschattig ↑ 200–300 cm ↔ 50–80 cm	andere Malini®-Sorten	dunkelrot, frisch und knackig/ süßer, aromatischer Geschmack	hohe Toleranz gegen Mehltau
Säulenapfel Ballerina 'Polka' ✿ Mitte Sept.–Nov.	sonnig ↑ 200–300 cm ↔ 30–50 cm	Säulenapfel Ballerina 'Waltz®' und andere Ballerina-Sorten, aber auch Zieräpfel	grünrot/ süß und sehr wohlschmeckend	zertifiziert virusfrei
Säulenapfel 'Starcats' ✿ Mitte Aug.–Okt.	sonnig ↑ 200–300 cm ↔ 20–40 cm	andere Cats-Sorten wie 'Suncats', 'Redcats', 'Greencats'	leuchtend rot/ mit feiner Säure	sehr robust, krankheitsresistent
Säulenapfel Malini® 'Mannequin' ✿ Sept./Okt.	sonnig ↑ bis zu 300 cm ↔ 50–80 cm	andere Malini®-Sorten	gelbrot, längs gestreift/ süß im Geschmack, doch aromatisch	schorfresistent

1 **'Pidi'**: Säulenapfel mit angenehm säuerlichen Früchten.

2 **'Coxcolumnar®'**: Dicht am Stamm reifen die leuchtend roten Äpfel, deren geschmack an 'Cox Orange' erinnernt.

3 **'Greencats'**: Die würzigen Äpfel dieser Sorte sind sehr gut lagerfähig.

4 **'Suncats'**: Der Säulenapfel macht sich gut neben 'Redcats' und 'Greencats', und das nicht nur, weil die drei sich gegenseitig befruchten!

5 **Ballerina 'Polka'**: Ihre süßen Äpfel sind insbesondere bei Kindern beliebt.

EMPFEHLENSWERTE BIRNENSORTEN

Sorte/ Erntezeit	Standort/Größe	Gute Befruchter- sorten	Frucht/Geschmack	Gut zu wissen
Zwergbirne 'Garden Pearl®' ● Sept.–Okt.	sonnig–halbschattig ↥ 120–150 cm ↔ 80–100 cm	selbstfruchtend	gelbgrün, groß, leicht rundlich, nur leicht rot gedeckt/ aromatisch	dicht verzweigt, langsam wachsend; gut als Sichtschutz; Formschnitt bei Bedarf
Mini-Birnbaum Pironi® 'Joy of Kent' ● Mitte–Ende Okt.	sonnig ↥ bis 150 cm ↔ 100–120 cm	Mini-Birnbaum Pironi® 'Little Swe- ety®', Säulenbirne 'Pirini'®'Myway'	klein bis mittel/ erfrischender Bir- nengeschmack	extrem fruchtbar; Pflückreife für Lagerung: Mitte Sept.; Genussreife aus dem Lager: nach zusätzlich 3–4 Tagen Warmlagerung; bis Ende Dez. lagerfähig
Säulenbirne 'GardenGem®' 'Py- red' (S) ● Sept.	sonnig–halbschattig ↥ 120–160 cm ↔ 80–120 cm		mittelgroß bis groß, Schale rotbraun, rundliche Form bei Vollreife/ saftig-süßes Frucht- fleisch	langsam wachsend; gut schnittverträglich
Zwergbirne 'Helenchen' ● Okt.–Dez.	sonnig–halbschattig ↥ 150–180 cm ↔ 60–120 cm		groß, grünschalig mit roter Deckfarbe/ süß	Rückschnitt einmal jährlich
Zwergbirne 'Luisa' ● Okt.	sonnig ↥ 150–180 cm	Zwergbirne 'Helen- chen', Säulenbir- nen 'Condo' und 'Decora'	groß, gelbgrün/ süß, aromatisch	Pflückreife: Mitte Sept.–Okt.
Obst-Zwerg® Birne 'Little Queen' ● Sept.–Okt.	sonnig ↥ 150–200 cm	Sommerbirne 'Williams Christ' und 'Gute Luise'	klein bis mittelgroß, grün/ saftig, süß	hoher Ertrag; Genussreife direkt nach der Ernte
Säulenbirne 'Decora' ● Aug.–Sept.	sonnig–halbschattig ↥ 200–300 cm ↔ 30–40 cm	Sommerbirne 'Williams Christ'	klassische Birnen/ süßer Geschmack	bis Mitte Dez. lagerfähig
Säulenbirne 'Pirini'®'Myway' ● Mitte Sept.	sonnig–halbschattig ↥ 180–200 cm ↔ 80–100 cm	Mini-Birnbaum Piro- ni® 'Joy of Kent'	mittelgroß bis groß, länglich, in der Fruchtreife sehr schön gelb gefärbt/ sehr saftig, spritzig auch bei Vollreife	kann bis Ende Dez. gelagert werden; bei Zimmertemperatur in einer Schale mit Äpfeln oder Bananen erfolgt in 4–6 Tagen die Nachreife

1 **'Garden Pearl':** Obwohl es sich um eine Zwergbirne handelt, bringt diese dennoch normal große und wunderbar aromatische Früchte hervor.

2 **'Little Queen':** Klein, aber oho – die Obst-Zwerg® Birne liefert zahlreiche saftig süße Früchte.

3 **Pironi® 'Joy of Kent':** Ihre Früchte schmecken frisch und aromatisch.

4 **Pironi® 'Joy of Kent':** Extrem fruchtbar und mit passender Unterpflanzung außerordentlich hübsch anzusehen wird dieser Mini-Birnbaum zur Freude aller Topfgärtner.

5 **'Decora':** Auffallend ist der für Birnen ungewöhnlich schlanke Wuchs.

PFLAUMEN, ZWETSCHGEN & MIRABELLEN

Neue Sorten machen es möglich, dass diese »Bauerngartenklassiker« in Gefäßen echtes Obstgartenflair auf Balkon und Terrasse verbreiten dürfen. Zwetschgen (*Prunus domestica*) und Pflaumen (*Prunus domestica* subsp. *domestica*) sind übrigens nicht das Gleiche. Neben dem Geschmack ist der entscheidende Unterschied die Größe der Früchte. Zwetschgen sind kleiner und dabei wunderbar aromatisch, süß und dekorativ.

Mirabellen (*Prunus domestica* subsp. *syriaca*) sind ebenfalls eine Unterart der Pflaumen, man kennt sie mancherorts auch als gelbe Zwetschgen. Die »bewundernswerte Schönheit« benötigt einen neutralen bis alkalischen Boden. Mirabellen blühen sehr früh im Jahr, die Blüten deshalb, wie bei allen Obstgewächsen, vor Spätfrösten schützen und in kalten Nächten abdecken. Alle vorgestellten Sorten sind selbstfruchtend und bei ausreichend Kälteschutz winterhart. Ein hochwertiges, lehmiges und kalkhaltiges Substrat ist ideal.

EMPFEHLENSWERTE SORTEN

Sorte/ Erntezeit	Standort/Größe	Schnitt	Frucht/Geschmack	Gut zu wissen
Mini-Stämmchen Pflaume 'Jojo' 🍎 Sept.	sonnig ↑ 100–150 cm ↔ 100–175 cm	nicht erforderlich, ggf. im Sommer Rückschnitt	mittelgroß, länglich, blau, festes Fruchtfleisch, bei Reife stark bereift/ süßsäuerlich	trägt bereits in jungen Jahren sehr gut
Säulenpflaume 'Imperial' 🍎 Sept.	sonnig–halbschattig ↑ 200–250 cm ↔ ca. 60 cm	ja; Formerhalt	gelbfleischige blaue Früchte, gut steinlösend/ süß, saftig	robust; setzt sehr schnell mit hohen Erträgen ein
Säulenzwetschge 'Fruca' 🍎 Sept.	sonnig–halbschattig ↑ 200–250 cm ↔ ca. 60 cm	ja; Formerhalt	saftiges, gelbes Fruchtfleisch, gut steinlösend/ aromatisch	kerzengerade und superschlank wachsend
Säulenzwetschge 'Top Col' 🍎 Ende Aug.–Anfang Sept.	sonnig–halbschattig ↑ 200–300 cm ↔ 80–100 cm	ja; Formerhalt	dunkelblau, groß, steinlösend/ fruchtig-aromatisch, süß	anspruchslos; leicht zu pflegen
Säulenzwetschge 'Liane' 🍎 Aug.–Sept.	sonnig–halbschattig ↑ 300–400 cm	ja; Formerhalt	mittelgroß, purpurviolett bis blau/ süß, aromatisch	schnittverträglich, Wuchshöhe durch Schnitt begrenzen
Säulenmirabelle 'Prunus' 🍎 Sept.–Okt.	sonnig–halbschattig ↑ 200–300 cm ↔ 50–100 cm	ja; Formerhalt	groß, orangegelb mit rötlichen Wangen/ Aprikosenaroma, süß	widerstandsfähig gegen Krankheiten
Säulenmirabelle 'Ruby' 🍎 Aug.–Sept.	sonnig–halbschattig ↑ 200–300 cm ↔ 50–100 cm	ja; Formerhalt	groß und oval/ süß	robust; zur Blütezeit gute Bienenweide

1 **Zwetschgen** sind etwas kleiner als Pflaumen. Die bereiften, gut steinlösenden Früchte sind sehr aromatisch.

2 **'Liane':** Die Säulenzwetschge kann durch Schnitt klein gehalten werden und liefert köstliche Früchte.

3 **'Jojo':** Das Mini-Pflaumenstämmchen mit üppigem Laub ist eine Bereicherung für Balkon und Terrasse.

4 **'Prunus':** Die Säulenmirabelle erfreut durch ihre Robustheit und erstaunlich große, aromatische Früchte.

5 **'Ruby':** Die aromatischen Früchte dieser Säulenmirabelle schmecken nicht nur besonders gut, sondern sind auch eine echte Augenweide.

APRIKOSEN & MANDELN

Aprikosen (*Prunus armeniaca*) sind eine Zierde für jeden Miniobstgarten: Im März enthüllt die Zwergaprikose zum ersten Mal ihre Schönheit, indem sie ihre zauberhaften blassrosa bis weißen Blüten zeigt. Das Blütenspektakel dauert bis zum April an, dann kommen auch die grünen Blätter zum Vorschein. Die Früchte sind wahre Sonnenliebhaber und gedeihen am besten an einem vollsonnigen, geschützten Standort. Alle vorgestellten Sorten sind selbstfruchtend und bei ausreichend Kälteschutz winterhart. Nah verwandt mit Aprikosen sind Mandelbäumchen. Auch hier gibt es Züchtungen für den Anbau in Töpfen.

EMPFEHLENSWERTE SORTEN

Sorte/ Erntezeit	Standort/Größe	Frucht/Geschmack	Gut zu wissen
Aprikose Fruttoni® Apricompakt® 🍎 Mitte Juli–Anfang Aug.	sonnig–halbschattig ↕ 120–140 cm ↔ 100–120 cm	mittelgroße, orange gefärbte Früchte, gut steinlösend/ voller, saftiger Aprikosengeschmack	wenig anfällig für Blütenmonilia und Aprikosensterben
Obst-Zwerg® Aprikose 'Kaluna' 🍎 Juli	sonnig–halbschattig ↕ 120–150 cm	mittelgroß/ aromatisch, süß	runde Krone, niedrig bleibend
Topf-Mandel 'Nut Me® Almond' 🍎 Mai–Juni, Aug.–Sept.	sonnig ↕ 80–100 cm ↔ ca. 50 cm	Früchte ab Mai grün und weich direkt vom Baum naschen oder im Herbst die nussigen Steinkerne ernten	winterhart; selbstfruchtbar; bezaubert von März bis Mai mit wundervollen Blüten

❶ **Fruttoni® Apricompakt®:** eine kleine, doch überaus robuste Obst-Zwerg® Aprikose.

❷ **'Kaluna':** Obst-Zwerg® Aprikose mit kompakter, runder Krone und mittelgroßen, aromatischen Früchten.

❸ **'Nut Me® Almond':** Die Früchte der Topfmandel schmecken auch schon weich und grün.

PFIRSICHE & NEKTARINEN

Pfirsiche (*Prunus persica*) bringen mediterranes Feeling auf Balkon und Terrasse. Nektarinen sind »Pfirsichmutanten«: Im Unterschied zu den samtigen Pfirsichen haben sie eine glatte Haut. Der botanische Name sagt es schon: Sie haben es hier mit Sonnenanbetern zu tun. Aber keine Angst vor dem Winter: Sie finden hier nur Sorten, die mit einem guten Kälteschutz draußen überwintern können. Bei frühen und späten Frösten im Herbst und Frühjahr gilt es, die Pflanzen nachts mit einem Vlies zu schützen. Pfirsiche und Nektarinen fühlen sich in guter, humoser Pflanzenerde wohl. Alle vorgestellten Sorten sind selbstfruchtend.

EMPFEHLENSWERTE NEKTARINENSORTEN

Sorte/ Erntezeit	Standort/Größe	Frucht/Geschmack	Gut zu wissen
Balkon-Nektarine 'Necta Me' 🍎 Aug.–Sept.	sonnig ↑ 120–150 cm ↔ 60–120 cm	glatte gleichmäßige Schale, überwiegend rotschalig, goldgelbes Fruchtfleisch/ saftig, süß, fruchtig	Zwergbäumchen; fachgerecht erntet man die Früchte, indem man sie abdreht und nicht pflückt
Obst-Zwerg® Nektarine 'Nectarella' 🍎 Sept.–Okt.	sonnig ↑ 200–250 cm ↔ 70–100 cm	klein bis mittelgroß, grünlich gelb mit roten Backen/ saftig, herrlich süß	Schnitt kaum erforderlich, lediglich hin und wieder ein kleiner Rückschnitt im Sommer
Säulennektarine 'Fantasia' 🍎 Aug.	sonnig–halbschattig ↑ 200–300 cm ↔ 60–120 cm	rund, gelbrot, zarte Schale, festes Fruchtfleisch/ saftig-süß, fruchtig, aromatisch	Säulenbäumchen; die sich bildenden Seitentriebe sollten eingekürzt werden

1 'Necta Me': Mit gerade mal 150 cm Wuchshöhe bleibt diese Sorte außerordentlich klein.

2 'Nectarella': Die Obst-Zwerg® Nektarine besticht mit herrlich süßen Früchten und einer spektakulären Herbstfärbung.

3 'Fantasia': Die Säulennektarine wächst sehr schlank und liefert fruchtig-aromatisches Ernteglück.

EMPFEHLENSWERTE PFIRSICHSORTEN

Sorte/ Erntezeit	Standort/Größe	Frucht/Geschmack	Gut zu wissen
Weißer Pfirsich 'Icepeach' 🍑 Juni–Sept. (je nach Witterung)	sonnig ↑ 150–200 cm ↔ 80–150 cm	weiß, knackig-saftiges Fruchtfleisch/ süß-saftig, fruchtig	Von März bis Mai blüht 'Icepeach' mit zarten weißen Blüten, die einen Hauch von Rosa enthalten.
Gelber Balkon-Pfirsich 'Fruit Me® Peach Me Yellow' 🍑 Aug.	sonnig ↑ 80–100 cm	orangegelb/ süß, saftig, sehr aromatisch	gedrungener, gleichmäßiger Wuchs
Roter Balkon-Pfirsich 'Fruit Me® Peach Me Red' 🍑 Juli–Sept.	sonnig ↑ 80–100 cm	rot mit weißem Fruchtfleisch/aromatisch, saftig	gedrungener, gleichmäßiger Wuchs
Obst-Zwerg® Pfirsich 'Bonanza' 🍑 Ende Aug.–Sept.	sonnig ↑ 100–120 cm ↔ bis zu 200 cm	klein bis mittelgroß, bei Vollreife schöne rote Farbe, Fruchtfleisch saftig, gelbgrün/ süßsäuerlich, saftig	Durch seine schwach wachsende Unterlage erreicht er nur eine Höhe von ca. 120 cm und hat trotzdem die Form eines großen Pfirsichbaums.
Balkon-Weinberg-Pfirsich 'Fruit Me® Peach Me Donut' 🍑 Juli, Aug., Sept.	sonnig ↑ 100–120 cm	leicht behaart, platt-rund, von orange bis rosarot in der Reife, weißes Fruchtfleisch/ sehr süß, aromatisch	zur Blütezeit gute Bienenweide
Dunkelroter Zwergpfirsich 'Crimson Bonfire®' 🍑 Aug.–Sept.	sonnig ↑ 100–120 cm ↔ 50–60 cm	mittelgroß, rot-gelb bis dunkelrot/ sehr süß	rotes Laub, rosa Blüten
Weißfleischiger Mini-Pfirsich 'Fruttoni® Diamond®' 🍑 Juli	sonnig ↑ bis 150 cm ↔ 140–160 cm	normal groß, weißfleischig/ saftig, aromatisch	lang anhaltende dunkelrosa Blüte; sobald die Früchte daumennagelgroß sind, mind. 50% der Fruchtansätze entfernen
Gelbfleischiger Mini-Pfirsich 'Fruttoni® Amber®' 🍑 Juli	sonnig–halbschattig ↑ 140–160 cm ↔ 140–160 cm	normal groß, gelbfleischig/ saftig, aromatisch	langsam wachsend, Endgröße nach 10 Jahren; sobald die Früchte daumennagelgroß sind, mind. 50% der Fruchtansätze entfernen

1 **'Icepeach':** Laub, Blüte und Früchte – diese weißfleischige Pfirsichsorte ist in jeder Hinsicht etwas ganz Besonderes!

2 **'Fruit Me® Peach Me Yellow':** Orangegelb, saftig und überaus aromatisch sind die Früchte dieser Sorte ein überaus wohlschmeckendes Beispiel für gelbfleischige Pfirsiche!

3 **'Crimson Bonfire'®:** Der Zwergpfirsich bezaubert mit rotem Laub, rosa Blüten und tiefroten Früchten.

4 **'Fruttoni® Diamond®':** Der Mini-Pfirsich schmückt Balkon und Terrasse im Frühjahr mit dunkelrosa Blüten.

5 **'Fruit Me® Peach Me Donut':** typisch sind die platt-runden Früchte.

SÜSSKIRSCHEN & SAUERKIRSCHEN

Wer liebt sie nicht, die süßen, oftmals dunkelroten, manchmal sogar fast schwarzen Früchte der Süßkirschenbäume? Aber auch die sauren Vertreter stehen diesen in nichts nach, wenn man sie geschmacklich mag. Ob Sauerkirsche (*Prunus cerasus*) oder Süßkirschen (*Prunus*), sie berei- chern jeden sonnigen Balkon und bescheren mit den Jahren eine köstliche Kirschenernte aus dem eigenen Cityobstgärtchen. Manche Sorten gedeihen zwar auch noch im Halbschatten, aber ein vollsonniger Standort ist immer vorzuziehen. Alle vorgestellten Sorten sind selbstfruchtend und bei ausreichend Kälteschutz auch im Topf winterhart.

EMPFEHLENSWERTE SÜSSKIRSCHENSORTEN

Sorte/ Erntezeit	Standort/Größe	Frucht/Geschmack	Gut zu wissen
Säulenkirsche Fruttini 'Garden Bing®' 🍎 Mitte Juli	sonnig ↑ 150–200 cm ↔ 60–80 cm	herzförmig/ aromatisch, süß	zum Erhalt der Säulenform Seitentriebe regelmäßig auf 20 cm einkürzen
Zwergsüßkirsche 'Stella Compact®' 🍎 Ende Juli–Anfang Aug.	sonnig–halbschattig ↑ 150–200 cm ↔ 70–200 cm	reich fruchtend, herzförmig/ aromatisch, süß	Rückschnitt zur Größenkontrolle; tote Zweige können komplett entfernt werden
Säulensüßkirsche 'Victoria' 🍎 Juni	sonnig–halbschattig ↑ 150–300 cm ↔ 30–50 cm	fruchtet sehr üppig dunkelrot, weichfleischig/ saftig, süß	zum Erhalt der Säulenform Seitentriebe regelmäßig auf 20 cm einkürzen

① **'Lapins':** robuste Zwergsüßkirsche, deren zuckersüße Früchte kaum aufplatzen.

② **'Stella Compact®':** Mit ihrem schlanken und langsamen Wuchs macht die Zwergsüßkirsche ihrem Namen alle Ehre.

③ **'Victoria':** Die Säulensüßkirsche bildet nah am Stamm tiefrote, saftige Kirschen.

EMPFEHLENSWERTE SAUERKIRSCHENSORTEN

Sorte/ Erntezeit	Standort/Größe	Frucht /Geschmack	Gut zu wissen
Obst-Zwerg® Sauerkirsche 'Mailot' 🍎 Juli–Aug.	sonnig ↑ 100–200 cm ↔ 70–120 cm	mittelgroß, dunkelrot/ sehr saftig und säuerlich	pflegeleicht, gut winterhart
Zwergsauerkirsche 'Piemont' 🍎 Juni–Juli	sonnig–halbschattig ↑ 125–175 cm ↔ 100–150	mittelgroß, leuchtend rot/ aromatisch, saftig-säuerlich	schwach wachsend
Zwergsauerkirsche 'Griotella' 🍎 Mitte–Ende Juli	sonnig ↑ 150–200 cm ↔ 70–120 cm	festes, rotes Fruchtfleisch/ säuerlich	virusresistente Sorte, kompakter, schwacher Wuchs
Säulensauerkirsche 'Boas' 🍎 Juli	sonnig ↑ 250–300 cm ↔ bis 200 cm	mittelgroß, bräunlich bis dunkelrot, mittelfestes Fruchtfleisch/ säuerlich	Belaubung ist besonders gesund und widerstandsfähig gegen Krankheiten
Säulensauerkirsche 'Maynard®' 🍎 Juli	sonnig–halbschattig ↑ 200–300 cm ↔ 100–150 cm	mittelgroß, leuchtend rot/ aromatisch, saftig-säuerlich	schwach wachsend

1 **'Griotella':** Die Zwergform verwöhnt den Gaumen mit angenehm säuerlichen Früchten.

2 **'Boas':** Die Früchte der Säulensauerkirsche sind tiefrot bis rotbraun, saftig und aromatisch.

3 **'Maynard®':** Leuchtend rot und mild sauer sind die Früchte dieser Säulensauerkirsche.

BEERENOBST
und Reben

Beerensträucher sind perfekt für die Kultur in Töpfen geeignet. Und wer könnte schon ihren zuckersüßen Früchten widerstehen? Nicht einmal auf Weintrauben müssen Sie in Ihrem Cityobstgarten verzichten, denn es gibt mittlerweile kleine Züchtungen.

Ein unschlagbarer Vorteil von Beerenobststämmchen oder -sträuchern ist, dass sie selbst in halbschattiger Lage auf einem überdachten Balkon gut gedeihen und sogar erstaunliche Ernten hervorbringen. Die Reifezeit der Früchte verschiebt sich zwar ein wenig nach hinten, doch dabei handelt es sich höchstens um ein bis zwei Wochen. Achten Sie jedoch darauf, für Balkon und Terrasse kleinwüchsige Sorten zu wählen (→ Seite 46).

PFLANZZEIT

Beerensträucher, die im Container angeboten werden, können Sie das ganze Jahr über pflanzen, solange es keinen Frost gibt. Für wurzelnackte Bäumchen oder Sträucher ist der Herbst die beste

In einem Pflanzkasten mit Kletterhilfe werden Himbeeren und Brombeeren zum Sichtschutz oder Raumteiler auf der Terrasse.

Pflanzzeit, vorzugsweise von August bis September. Dann ist der Boden noch warm und trocken, sodass die Pflanze gut einwurzeln und im Folgejahr bereits erste Früchte hervorbringen kann. Prinzipiell ist es aber ebenso möglich, wurzelnackte Sträucher und Stämmchen im Frühjahr von Februar bis Mai zu pflanzen, auch wenn mit einer Ernte dann erst im Folgejahr zu rechnen ist.

PFLANZUNG

Bei der Pflanzung von Containerware gilt die Faustregel: Der Topf, Kübel oder Kasten sollte das doppelte Fassungsvermögen haben wie der Container, in dem Sie die Pflanze gekauft haben. Bei größeren Exemplaren sind Pflanzgefäße mit einem Umfang von mindestens 50 cm ratsam. Des Weiteren sollten die meisten Beerensträucher auch genauso tief eingepflanzt werden, wie sie beim Kauf im Topf standen.

Einige Beerensträucher, wie etwa Johannisbeeren, Brombeeren und Heidelbeeren, können Sie aber auch etwas tiefer pflanzen, sodass der Topfballen mit ein paar Zentimetern neuer Erde bedeckt ist. Knospen, die unter der Erde liegen, sorgen im darauffolgenden Jahr für eine gute Erneuerung des Strauches. Spezielle Ansprüche finden Sie bei den einzelnen Arten beschrieben.

Beerenobst ist selbstfruchtend. Eine zusätzliche Sorte in der Nähe erhöht allerdings den Ertrag. Und die Auswahl ist so verlockend, dass eine zweite Pflanze bei ausreichend Platz kein Problem ist.

DAS SUBSTRAT

Beerensträucher sind überwiegend unkompliziert, was ihre Ansprüche an die Bodenverhältnisse angeht, doch sie sind »hungrig«: Verwenden Sie am besten eine gute, torffreie Pflanzenerde und mischen Sie dem Substrat Ihrer Wahl einen Teil Kompost unter. Ich persönlich bin immer recht großzügig mit der Gabe von Kompost: Neu bepflanzte Kübel enthalten etwa ein Drittel Wurmkompost. Alternativ können Sie natürlich auch einen anderen geeigneten Langzeitdünger aus dem Handel verwenden (→ Seite 32 ff.). Keine Regel ohne Ausnahme: Heidelbeeren, Kulturheidelbeeren und Preiselbeeren gedeihen nur in saurem Boden und brauchen dementsprechend ein besonderes Substrat (→ Seite 17).

DÜNGUNG

Der beste Zeitpunkt für die Düngung von Beerengewächsen ist im Frühjahr vor dem Austrieb und im Herbst nach der Ernte (→ Seite 32). Außerdem sorgt ein spezieller, kaliumhaltiger Winterdünger für einen ausgeglichenen Wasserhaushalt und festes Gewebe, sodass die Pflanzen besser durch den Winter kommen. Die meisten handelsüblichen Winter-Spezialdünger sind auch für Obstgehölze geeignet.

WEINREBEN

Weinreben an kleinen Gerüsten gezogen sind der perfekte Sichtschutz und liefern im Spätsommer oder Herbst obendrein noch zuckersüße, leckere Trauben. Das oftmals farbenprächtige Herbstlaub verschönert zudem jede Balkonwand.

Doch nicht jede Weinrebe ist gleichermaßen gut für Balkon oder Terrasse geeignet. Immerhin gibt es Sorten, die eine Breite von 6–8 m erreichen können. Für die Gefäßkultur rate ich daher von Spalierreben grundsätzlich ab, da diese viel zu sehr »in die Breite gehen«. Verwenden Sie lieber spezielle kleine Züchtungen wie Weintraubenstämmchen, die nicht so hoch werden und somit für Kübel und Kästen bestens geeignet sind. Schöne und dankbare Beispiele sind das Edel-Trauben-Stämmchen 'Phönix' mit fein-süßen, goldgelben Muskatellertrauben oder das Edel-Trauben-Stämmchen 'Regent' mit tiefroten Früchten. Je nach Höhe benötigt ein Stämmchen eine

Wein lässt sich als Stämmchen
(**links:** *Vitis regina*) oder an
einem Rankgerüst bzw. Spalier
erziehen (**rechts:** Sorte 'Phönix').

stabile Rankhilfe. Der Austrieb der Reben erfolgt erst Ende April bzw. Anfang bis Mitte Mai. Wenn Sie eine ziemlich große Terrasse und Platz für ein entsprechend großes Gefäß haben, eignen sich auch normalwüchsige Sorten. Achten Sie beim Kauf unbedingt auf Mehltauresistenz!

WEINREBEN PFLANZEN, PFLEGEN UND ÜBERWINTERN

Sonne, Sonne und noch mal Sonne – ein Balkon oder eine Terrasse in Süd- oder Südwestlage ist für Weinreben genau das Richtige und enorm wichtig für eine erfolgreiche Ernte. Manche Sorten gedeihen zwar auch bei Halbschatten, aber für die Kultur in Gefäßen und bei den nachfolgend empfohlenen Sorten ist ein vollsonniger Standort unabdingbare Voraussetzung.

Für gute Erträge ist außerdem eine lockere, nährstoffreiche Pflanzenerde erforderlich. Das Substrat sollte mit etwas Lehm vermischt und kalkhaltig sein, um der Schwarzfleckenkrankheit vorzubeugen. Pflanzen Sie das Bäumchen so tief ein, wie es im ursprünglichen Container stand, die Veredelungsstelle muss dabei in jedem Fall über der Erd-

oberfläche bleiben. Je nach gewünschter Wuchsform bzw. Wuchshöhe können Sie auch direkt ein Rankgitter oder Spalier anbringen.

Weinreben benötigen in der Zeit von April bis September alle drei Wochen eine Portion organischen Dünger. Hierzu können Sie speziellen Beerendünger verwenden, aber auch Kompost, Wurmkompost oder ähnliche Dünger leisten gute Dienste. Spätestens ab September sind die ersten Trauben reif. In der kalten Jahreszeit gilt es, auf einen guten Winterschutz zu achten. Bei den hier vorgestellten Rebsorten ist im Frühjahr ein starker Rückschnitt um mindestens die Hälfte der Rankenlänge erforderlich (→ Seite 48). Generell fruchten Weintrauben nur an neuen Trieben, die an zweijährigen Ästen wachsen, daher ist in den ersten beiden Jahren nach der Pflanzung noch keine Ernte zu erwarten. Doch setzt Ihre Rebe erstmals Trauben an, können Sie ab September sonnenwarme, süße Früchte genießen!

EMPFEHLENSWERTE WEINTRAUBENSORTEN

Sorte/ Erntezeit	Standort/Größe	Frucht /Geschmack	Gut zu wissen
Schlaraffentraube 'Blue Dream' 🍎 Mitte Sept.	vollsonnig ↥ 400–500 cm ↔ 200–300 cm	groß, dunkelrot, kernlos/ sehr aromatisch	klassisch für Pergolen und Gerüste, aber auch Anbau in Kübeln; Schnitt nötig und praktisch zur Größenkontrolle; sehr resistent
Schlaraffentraube 'White Dream' 🍎 Anfang Sept.	vollsonnig ↥ 400–500 cm ↔ 200–300 cm	mittelgroß, länglich, kernlos, angenehm dünne Schale/frisch aromatisch	klassisch für Pergolen und Gerüste, aber auch Anbau in Kübeln; Schnitt nötig und praktisch zur Größenkontrolle; pilzresistent
Schlaraffentraube 'Rose Dream' 🍎 Aug.–Sept.	vollsonnig ↥ 400–500 cm ↔ 200–300 cm	mittelgroß, rosafarben, kernlos/knackig süß	mittelstark wachsend; idealerweise als Einzelpflanze am Pfahl erziehen; Schnitt nötig und praktisch zur Größenkontrolle; sehr pilzresistent
Edel-Trauben-Stämmchen 'Phönix' 🍎 Sept.	vollsonnig gewünschte Höhe kann durch Schnitt erzielt werden	goldgelbe Muskatellertraube/fein-süß	robust; pflegeleicht; mehltautolerant
Edel-Trauben-Stämmchen 'Regent' 🍎 Mitte Sept.	vollsonnig gewünschte Höhe kann durch Schnitt erzielt werden	tiefrot/ aromatisch	sehr robust; mehltautolerant; tolles Herbstlaub

❶ **'Blue Dream':** Die Schlaraffentraube eignet sich hervorragend für Kletterhilfen.

❷ **'White Dream':** Besonderer Pluspunkt dieser Rebsorte sind die dünnschaligen, frisch aromatischen Trauben.

❸ **'Rose Dream':** Wer seine Weinrebe am Pfahl erziehen will, ist mit dieser Sorte gut beraten.

HIMBEEREN

Je nach vorhandenem Platz können Sie Ampelhimbeeren, spezielle Topfhimbeeren oder auch Himbeeren als Säulenobst auf dem Balkon ziehen. Die Pflanzen gedeihen im Topf genauso gut wie im Garten, bei den etwas größeren Sorten sollte das Pflanzgefäß aber mindestens 30 l Fassungsvermögen aufweisen. Als Flachwurzler bevorzugen Himbeeren außerdem weite Töpfe. Für eine reiche Ernte sollten Sie alle zwei bis drei Jahre das Substrat erneuern. Bei der Pflanzung die Gewächse reichlich mit Kompost, im März auch mit kalireichem Langzeit-Beerendünger versorgen. Bis zur Ernte mehrmals düngen, ganzjährig mulchen.

EMPFEHLENSWERTE HIMBEERSORTEN

Sorte/ Erntezeit	Standort/ Größe	Schnitt	Frucht/Geschmack	Gut zu wissen
Lowberry® Alltimer® Himbeere 'Baby Dwarf®' 🍎 Juni–Sept.	sonnig–halbschattig ↕ 40–60 cm ↔ 40–60 cm	Herbsthimbeere; trägt am einjährigen Holz	klein/ intensiv-aromatisch	Triebe auf 10–20 cm zurückschneiden, dann beginnt die Ernte daran schon im Juni
Zwerghimbeere Lowberry® 'Little Sweet Sister®' 🍎 Juli–Sept.	sonnig–halbschattig ↕ ca. 80 cm	Herbsthimbeere; trägt am einjährigen Holz	mittelgroß, dunkelrot/mittelsüß, aromatisch	schnellste Herbsthimbeere
Topfhimbeere 'Summer Lovers® Patio Red' 🍎 Mitte Juni–Sept.	sonnig–halbschattig ↕ 80–100 cm	Herbsthimbeere; trägt am einjährigen Holz	groß, dunkelrot/ aromatisch	dornenlos; kompakter und niedriger Wuchs; robust

① **'Summer Lovers® Patio Red':** ermöglicht die Himbeerernte auf kleinstem Raum!

② **'Summer Lovers® Garden Red':** Wer etwas mehr Platz hat, kann auch zu dieser etwas größeren Sorte greifen.

③ **'Lowberry® 'Goodasgold':** Läutet als Schnellstarter die Herbsthimbeerernte ein.

EMPFEHLENSWERTE HIMBEERSORTEN

Sorte/ Erntezeit	Standort/ Größe	Schnitt	Frucht/Geschmack	Gut zu wissen
Zwerghimbeere Lowberry® 'Goodasgold' 🍎 Mitte Juli	sonnig–halbschattig ↑ 100 cm	frühe Herbsthimbeere; trägt am einjährigen Holz	hellgelb, mittelgroß/ süß, spritzig	nur leichte Bedornung, gering an den Enden; gedeiht auch in einem Kübel mit 10–20 l
Himbeere Brazel-Berries® 'Raspberry Shortcake' 🍎 Juni–Juli	sonnig ↑ 80–120 cm ↔ ca. 80 cm	Sommerhimbeere; trägt am zweijährigen Holz	mittelgroß/ süß-aromatisch	dornenlos; kompakter Wuchs ohne Rankhilfe
Frühhimbeere 'Cascade Delight' 🍎 Juni–Aug.	sonnig ↑ 100–150 cm	Sommerhimbeere; trägt am zweijährigen Holz	groß, leuchtend rosa-rot/ süß	sehr ertragreich; im oberen Bereich weniger Stacheln
Himbeere 'All Gold' 🍎 Aug.–Sept.	sonnig–halbschattig ↑ 100–150 cm ↔ ca. 80 cm	Herbsthimbeere; trägt am einjährigen Holz	goldgelb, kräftig gefärbt/ aromatisch, süß	die goldgelben Früchte setzen auch optisch Akzente
Topfhimbeere 'Summer Lovers® Patio Gold' 🍎 Mitte Juni–Sept.	sonnig–halbschattig ↑ 120–180 cm ↔ 40–60 cm	Herbsthimbeere; trägt am einjährigen Holz	gelb/ zuckersüß	dornenlos; kompakter und niedriger Wuchs; robust
Himbeere 'Twotimer Sugana'® 🍎 Anf. Juni und Aug–Ende Okt.	sonnig–halbschattig ↑ 120–180 cm ↔ 40–60 cm	im Frühjahr zweijährige Triebe bis zur Basis kürzen, einjährige stehen lassen	gelb/ zuckersüß	trägt zweimal im Jahr an ein- und zweijährigen Ruten; robuste Sorte; Resistenz gegen Phytophtora

1 'All Gold': Kräftig orange und fruchtig-süß sind die Früchte dieser Herbsthimbeere.

2 'Summer Lovers® Patio Gold': Neben gelben, zuckersüßen Früchten zeichnet diese Sorte ihr kompakter Wuchs aus.

3 'Twotimer Sugana®': trägt im Sommer an zweijährigen, im Herbst an einjährigen Trieben.

BROMBEEREN

In der Natur wachsen Brombeeren in lichten Waldbereichen, an Waldrändern und Hecken, sie kommen also mit Halbschatten durchaus zurecht, an sonnigen Standorten tragen sie jedoch mehr Früchte. An das Substrat stellen sie nur bescheidene Ansprüche, Hauptsache, die Erde ist locker und humusreich. Als Flachwurzler bevorzugen sie eher breite als hohe Pflanzgefäße. Für die Kübelpflanzung eignen sich vor allem dornenlose Sorten, erst recht, wenn Sie kleine Kinder haben. Ein Spalier oder gespannte Seile geben Halt, somit sind Brombeeren ideal als Wandbegrünung oder Sichtschutz. Alle Sorten sind selbstfruchtend, eine weitere Brombeerpflanze in der Nachbarschaft steigert allerdings die Erträge. Mit ausreichend Kälteschutz sind Brombeeren auch in Gefäßen winterhart, dornenlose Sorten gelten als etwas frostempfindlicher. Brombeeren tragen nur am zweijährigen Holz, daher die Ruten nach der Ernte an der Basis abschneiden und nur junge Triebe stehen lassen, sie fruchten im nächsten Jahr.

EMPFEHLENSWERTE BROMBEERSORTEN

Sorte/ Erntezeit	Standort/ Größe	Schnitt	Frucht/ Geschmack	Gut zu wissen
Hängebrombeere 'Coolaris® Cascata® Black' 🍎 Juli–Aug.	sonnig ↕ 30–40 cm ↔ 30–40 cm	trägt an zweijährigen Ruten, abgetragene Triebe an der Basis abschneiden	groß/ aromatisch	reich tragend; dornenlos; kompakter Wuchs, überhängende Triebe
Topfbrombeere 'Coolaris® Patio Black' 🍎 Aug.–Okt.	sonnig–halbschattig ↕ 80–100 cm	trägt an zweijährigen Ruten, abgetragene Triebe an der Basis abschneiden	groß, dunkel/ aromatisch	reich tragend; dornenlos; kompakter Wuchs
Zwergbrombeere Lowberry® 'Little Black Prince®' 🍎 Juli–Okt.	sonnig–halbschattig ↕ 70–100 cm ↔ ca. 100 cm	fruchtet am einjährigen Holz, im Winter alle Triebe auf 20 cm kürzen	mittelgroß/ süß, fruchtig	lange Erntezeit; dornenlos; da sie stabile Triebe bildet, ist kein Gerüst nötig
Brombeere BrazelBerry® 'Baby Cakes'® 🍎 Juli–Aug.	sonnig–halbschattig ↕ 80–100 cm ↔ 80–100 cm	trägt an zweijährigen Ruten, abgetragene Triebe an der Basis abschneiden	groß/ intensiv aromatisch	nahezu dornenlos; bildet Ausläufer; kompakt rundlicher Wuchs
Zwergbrombeere 'Purple Opal'® 🍎 Aug.–Sept.	sonnig–halbschattig ↕ max. 100 cm	trägt an einjährigen Ruten	mittelgroß, dunkel/ aromatisch	schwach bedornt
Brombeere Coolaris® 'Early' (Navaho®) 🍎 Juli–Okt.	sonnig–halbschattig, sogar schattig ↕ 100–200 cm ↔ 50 cm	trägt an zweijährigen Ruten; abgetragene Triebe an der Basis abschneiden, einjährige Ruten aufbinden und erst im Frühjahr des Tragjahres auf Wunschlänge kürzen und die Seitentriebe auf zwei bis drei Augen zurückschneiden	sehr groß, schwarz, glänzend, gleichmäßig, konisch/ volles Brombeeraroma	dornenlos; ideal in größeren Töpfen auf Balkon und Terrasse; beliebteste Sorte

1 **'Coolaris® Cascata® Black':** Die Hängebrombeere bereichert Balkon und Terrasse mit speziellem Wuchs und großen, aromatischen Beeren.

2 **'Coolaris® Patio Black':** Die Topfvariante ist ebenfalls klein bleibend, aber nicht überhängend.

3 **Lowberry® 'Little Black Prince®':** Kommt ohne Gerüst aus und bildet mittelgroße, süße Brombeeren.

4 **BrazelBerry® 'Baby Cakes'®:** Die kompakt wachsende Sorte liefert überraschend große, aromatische Beeren.

5 **Coolaris® 'Early' (Navaho®):** Auch diese Säulenbrombeere bildet große, schwarzglänzende Beren.

JOHANNISBEEREN

Johannisbeeren sind recht einfach im Kübel zu halten, da sie keine besonderen Ansprüche an das Substrat stellen, selbstfruchtend und winterhart sind. Ideal für die Topfkultur sind Halb- oder Fußstämmchen oder kleinwüchsige Beerensträucher. Das Pflanzgefäß sollte groß, aber auch breit genug sein, da es sich bei Johannisbeeren um Flachwurzler handelt. Je sonniger sie stehen, desto reicher die Ernte, dabei gibt es früh- und spätreifende Sorten. Johannisbeeren können Sie durchaus alle zwei bis drei Monate düngen. Die Startdüngung erfolgt bei der Pflanzung im Herbst, dann wieder im Februar und April.

EMPFEHLENSWERTE JOHANNISBEERSORTEN

Sorte/ Erntezeit	Standort	Wuchs	Frucht/Geschmack	Gut zu wissen
Schwarze Johannisbeere 'Big Ben' 🍎 Ende Juni–Aug.	sonnig ↑ 60–70 cm ↔ 60–80 cm	kleinwüchsiger Strauch	sehr groß, glänzendschwarz/ aromatisch, kräftig, herb	krankheitsresistent
Schwarze Johannisbeere Lowberry® 'Little Black Sugar' 🍎 Mitte Juni–Anf. Juli	sonnig–halbschattig ↑ 80–180 cm ↔ 60–80 cm	kompakt, buschig, gut verzweigt	mittelgroß/ sehr süß, mit Cassis-Aroma	mehltauresistent
Schwarze Johannisbeere 'Titania®' 🍎 Sept.	sonnig–halbschattig ↑ 150–200 cm (je nach Stammart)	Halbstamm oder Hochstamm	sehr groß/ aromatisch, perfektes Zucker-Säure-Verhältnis	krankheitsresistent

1 'Big Ben': Die kleinwüchsige Schwarze Johannisbeere bildet süße, angenehm herbe Früchte.

2 Lowberry® 'Little Black Sugar': Die mittelgroßen, glänzendschwarzen Früchte haben ein ausgeprägtes Cassis-Aroma!

3 'White Versailles': Der kleine Weiße-Johannisbeer-Strauch gedeiht auch prima im Topf.

EMPFEHLENSWERTE JOHANNISBEERSORTEN

Sorte/ Erntezeit	Standort	Wuchs	Frucht/Geschmack	Gut zu wissen
Rote Johannisbeere 'Junifer' 🍎 Juni–Aug.	sonnig–halbschattig ↑ 100–150 cm ↔ 80–120 cm	dichtbuschiger Strauch, auch als Stamm	leuchtend rot/ süßsäuerlich	blüht spät, daher sind die Blüten nicht von Spätfrösten gefährdet
Rote Johannisbeere 'Jonkheer van Tets®' 🍎 Juli	sonnig–halbschattig ↑ 120–200 cm ↔ 80–120 cm	Halbstamm oder Hochstamm	dunkelrot/ süßsäuerlich, saftig, aromatisch	lange Trauben mit schönen Beeren; gut pflückbar
Rote Johannisbeere 'Rovada®' 🍎 Juli–Aug.	sonnig–halbschattig ↑ 150–200 cm ↔ 80–120 cm	Halbstamm oder Hochstamm	groß, hellrot/ intensives Aroma	sehr lange Trauben
Weiße Johannisbeere 'White Versailles' 🍎 Juni–Aug.	sonnig–halbschattig ↑ 60–70 cm ↔ ca. 80 cm	kleinwüchsiger Strauch	groß, dekorativ/ aromatisch-süß	bildet lange, schwere Fruchtrispen; ertragreich
Weiße Johannisbeere 'Weiße Versailler®' 🍎 Juli	sonnig–halbschattig ↑ 150–200 cm ↔ 80–120 cm	Halbstamm oder Hochstamm	weiß/grünlich bis durchsichtig, guter Fruchtbehang/ süßsäuerlich	gesunde und widerstandsfähige Sorte
Mehrbeere® (Rote und Weiße Johannisbeere in einem Topf) 🍎 Juni–Juli	sonnig–halbschattig ↑ 140–160 cm ↔ 80–100 cm	Halbstamm oder Hochstamm	'Ribest® Blanchette®': weiß, fruchtig süß; 'Ribest® Sonette®': rot, säuerlich aromatisch	zwei robuste, gesunde Sorten in einem Topf; erhöhter Ertrag durch Kreuzbefruchtung

1 'Junifer': Der kleinwüchsige Strauch bildet süßsäuerliche, leuchtend rote Beeren.

2 'Rovada'®: Die Rote Johannisbeere macht insbesondere als Halb- oder Hochstamm eine gute Figur im Topf.

3 'Jonkheer van Tets®': Die roten Beeren des Johannisbeerstämmchens sind gut zu pflücken.

STACHELBEEREN & JOSTABEEREN

Stachelbeeren sind für die Kultur auf Balkon und Terrasse geradezu wie geschaffen, denn sie gedeihen sehr gut in Pflanzgefäßen und verwöhnen mit einer reichen Ernte. Ideal für die Topfkultur ist der Fuß- oder Halbstamm, inzwischen sind aber auch kleinwüchsige Büsche im Handel erhältlich. Stämmchen sind hübsch, platzsparend und leichter zu schneiden. Man kann sie auch nach einem Jahr Anwachszeit hübsch unterpflanzen. Sträucher liefern mehr Ertrag und sind langlebiger, weil sie sich leichter verjüngen lassen. Achten Sie beim Kauf auf mehltauresistente Sorten. Neue Züchtungen bringen dornenlose Sorten in Grün, Gelb und Rot hervor. **Jostabeeren** sind eine Kreuzung aus schwarzer Johannisbeere und Stachelbeere. Sie haben einen ähnlich buschigen Wuchs wie Schwarze Johannisbeeren und sind in der Pflege identisch. Beachtenswert ist neben dem aparten Geschmack der extrem hohe Anteil an Vitamin C (100 mg/100 g), was der empfohlenen Tageszufuhr für den Menschen entspricht.

EMPFEHLENSWERTE SORTEN

Sorte/ Erntezeit	Standort	Wuchs	Frucht/Geschmack	Gut zu wissen
Stachelbeere Giggles® 'Red ' 🍎 Juni–Aug.	sonnig–halbschattig ↑ 60–70 cm	kleiner Strauch	dunkelrot/ süß	nahezu dornenfrei; hohe Widerstandsfähigkeit gegen Mehltau
Stachelbeere Giggles® 'Gold' oder 'Green' (Hinnonmaki Yellow oder Green) 🍎 Juli–Aug.	sonnig–halbschattig ↑ 60–70 cm	aufrecht, kompakt kugelig	gelb oder grün, knackig/ süß-aromatisch, gelbe Beeren mit aprikosenähnlichem Aroma	hohe Widerstandskraft gegen Mehltau
Stachelbeere 'Crispa® Nibbling®' 🍎 ###	sonnig–halbschattig ↑ 80–100 cm ↔ 60–80 cm	Busch, Strauch	mittelgroß, rot bis dunkelrot/ süß	wenig bedornt; fruchtet sehr früh; bleiben die Beeren 3–4 Wochen am Strauch, werden sie dunkelrot und süßer
Stachelbeere 'Spinefree' 🍎 Juni–Aug.	sonnig–halbschattig ↑ 150–170 cm	Hochstamm	hellrot/ süß, aromatisch, säuerlich, saftig	wenig bis gar keine Stacheln; ertragreich; Früchte gut zu pflücken; gute Resistenz gegen Mehltau
Jostabeere Ribes 'Jostabeere' 🍎 Juli–Aug.	sonnig–halbschattig ↑ 120–200 cm/ 250–250 cm (je nach Stammart)	Halbstamm oder Hochstamm	groß, matt schwarzrot, mit Flaum überzogen/ fein säuerlich, fruchtig, erfrischend	besonders widerstandsfähig gegen Mehltau und Gallmilben, daher keine Pflanzenschutzmittel erforderlich

1 **Giggles® 'Red':** Die tiefrote Stachelbeere wächst als kleiner Strauch, ist nahezu dornenlos und sehr robust.

2 **'Spinefree':** Die Sorte ist als Hochstamm erhältlich und verwöhnt mit vielen hellroten, süßsäuerlichen Beeren.

3 **'Crispa® Nibbling®':** Wenig bedornt, dazu rote, süße Beeren – die ideale Sorte für kleine Balkongärtner!

4 **Giggles® 'Gold' oder 'Green':** Die knackigen, frisch-aromatischen Beeren in Grün oder Gelb sind überaus beliebt.

5 **Jostabeere:** Die Kreuzung aus Johannis- und Stachelbeere wartet mit vitaminreichen Beeren auf, die angenehm frisch und säuerlich schmecken.

HEIDEL- & PREISELBEEREN

Zarte, weiße Blüten im Frühjahr, leckere Früchte bei oftmals reicher Ernte und das wunderschöne, herbstlich gefärbte Laub – das sind nur ein paar der Gründe, weshalb **Heidelbeeren** auf keinem Cityobstbalkon fehlen sollten! Die aus der amerikanischen Heidelbeere (*Vaccinium corymbosum*) und anderen Sorten gezüchteten Kulturheidelbeeren sind dunkelblau mit hellem Fruchtfleisch und enthalten nur etwa die Hälfte der gesunden Inhaltsstoffe unserer heimischen Wildart. Manche Sorten können bis zu 250 cm Höhe erreichen. Wilde Heidelbeeren (*Vaccinium myrtillus*) sind viel geschmacksintensiver als gezüchtete Heidelbeersorten und haben dunkelblaues Fruchtfleisch. Die Früchte sind klein und wachsen einzeln an den Sträuchern, die 40–50 cm hoch werden. Während Kulturheidelbeeren sonnige Plätze lieben, wachsen die Waldheidelbeeren auch sehr gut im Halbschatten. Ein regelmäßiger Rückschnitt ist kaum erforderlich, es reicht, wenn Sie verdorrte Zweige einfach abschneiden oder das Gewächs kürzen, falls es zu hoch werden sollte. Auch beim Verjüngungsschnitt können Sie alte Triebe einfach entfernen, es bilden sich zuverlässig neue Austriebe. Heidelbeeren sind wie alle Beeren selbstfruchtend, allerdings lassen sich mit zwei unterschiedlichen Sorten auf Balkon oder Terrasse höhere Erträge erzielen.

Preiselbeeren (*Vaccinium vitis-idaea*) werden meist in der Natur als Wildobst gesammelt, doch inzwischen können Sie diese Beeren auch im Topf kultivieren. Wie bei den Heidelbeeren sind auch hier die Früchte der Kulturform größer als die ihrer wild wachsenden Verwandten. Als Standort sollte ein sonniger bis halbschattiger Platz gewählt werden. Die Pflanzen sind im Grunde recht pflegeleicht, sie sollten in sehr heißen und trockenen Sommern aber ausreichend gewässert werden. Ihre Ansprüche hinsichtlich Substrat, Düngung und Gießwasser sind identisch mit denen der Heidelbeeren. Ein Rückschnitt ist bei diesen kleinen Sträuchern nicht erforderlich, es genügt, zwischendurch Verdorrtes herauszuschneiden. Die Gewächse sind bei gutem Kälteschutz auch in Töpfen winterhart. Preiselbeeren sind wie Heidelbeeren selbstfruchtend, mehrere Sorten an einem Standort erhöhen allerdings den Ertrag.

Cranberrys unterscheiden sich in nichts von der Pflege ihrer nahen Verwandten, den Preiselbeeren. Sie sind vielleicht nur ein wenig robuster. Sie kommen mit Sonne und Halbschatten zurecht und selbst etwas nasse Erde macht ihnen nicht viel aus. Prima, denn Cranberrys haftet der Ruf einer echten Superfood-Beere an: Ihre Inhaltsstoffe sollen antibakteriell und entzündungshemmend wirken, darum werden sie unter anderem als Saft gerne unterstützend bei Blasen- und Harnwegsentzündungen eingenommen. Als flach wachsende Bodendecker sind sie die ideale Unterpflanzung für andere Moorbeetpflanzen wie Blaubeeren oder Rhododendren. Doch auch in Hängeampeln machen ihre überhängenden Triebe eine gute Figur!

HEIDELBEERSTÄMMCHEN

Heidelbeeren sind übrigens inzwischen auch als Hochstamm erhältlich, was die Ernte der leckeren Beeren doch um einiges leichter macht. Hinsichtlich Pflanzung und Pflege besteht dabei kein Unterschied zu den kleinwüchsigen Verwandten. Zu finden sind die Heidelbeerstämmchen unter anderem bei dem Online-Anbieter Nr-01.de, der seit einiger Zeit auch unterschiedliche Sorten in seinem Sortiment führt. Erhältlich sind derzeit Spartan, Elizabeth, Brigitta, Patriot, Northland, Goldtraube und Bluecrop.

EMPFEHLENSWERTE PREISELBEERSORTEN

Sorte/ Erntezeit	Standort/ Größe	Frucht/Geschmack	Gut zu wissen
Preiselbeere 'Koralle' 🍎 ab Sept.	sonnig–halbschattig ↑ ca. 20–30 cm ↔ 40–80 cm	dunkelrot/ fruchtig, leicht herb	ertragreich (bis zu 300 g pro Strauch); verträgt sogar Schatten; hoher Zierwert, da sie laufend Blüten und Früchte bildet; immergrün; beliebt bei Vögeln
Preiselbeere 'Red Pearl' 🍎 Sept.–Okt.	sonnig–halbschattig ↑ ca. 20–30 cm ↔ 40–80 cm	kirschrot/ mild säuerlich, herb	ertragreich (bis zu 300 g pro Strauch); blüht von Mai bis Juni; immergrün; toller Partner zu Heidelbeeren; beliebt bei Vögeln
Preiselbeere 'Miss Cherry' 🍎 Sept.	sonnig–halbschattig ↑ ca. 20–30 cm ↔ 20–30 cm	rot/säuerlich	immergrün; beliebt bei Vögeln
Cranberry 'Red Balloon' 🍎 ab Aug.	sonnig–halbschattig ↑ ca. 30 cm ↔ ca. 40 cm	groß, dunkelrot/ roh fruchtig, herb, leicht bitter	sehr gesund durch wertvolle Inhaltsstoffe

1 'Koralle': Der Geschmack der zahlreichen, leuchtend roten Preiselbeeren ist leicht herb.

2 'Miss Cherry': Wie alle Preiselbeeren kommt auch diese bewährte Sorte in relativ kleinen Gefäßen gut zurecht.

3 'Red Balloon': Die großen, dunkelroten Cranberrys haben eine angenehm bittere Note.

EMPFEHLENSWERTE HEIDELBEERSORTEN

Sorte/ Erntezeit	Standort	Wuchs	Frucht/Geschmack	Gut zu wissen
Waldheidelbeere 'Sylvana' ❦ ab Juli bis zum ersten Frost	sonnig–halbschattig ↑ ca. 20–40 cm	langsam wachsend, sehr kompakt und verzweigt	4–5 mm groß, rundlich, dunkelblau/ sehr süß	verträgt keinen Wind
Waldheidelbeere 'Sinikka' ❦ ab Juli bis zum ersten Frost	sonnig–halbschattig ↑ 30–40 cm ↔ 30–40 cm	kompakt	dunkelblau/ süß-säuerlich	grün-rote Blüten; sehr frosthart
Heidelbeere 'Blautropf®' ❦ ab Ende Juni bis zum ersten Frost	halbschattig ↑ 50–70 cm	sehr kompakt	länglich tropfenförmig/ erfrischend süß-säuerlich	immergrün; ideal für Töpfe; Früchte reifen laufend nach; im Winter in den Schatten stellen
Blaubeere BrazelBerry® 'Berry Bux®' ❦ Juli–Aug.	sonnig–halbschattig ↑ bis 60 cm ↔ bis 60 cm	kompakt buchsbaumartig	klein/ Waldbeerenaroma	bei Bedarf Formschnitt; rote Laubfärbung im Herbst
Frühheidelbeere 'Duke' ❦ Juni–Aug.	sonnig ↑ 60–80 cm	kräftiges, aufrechtes Wachstum	sehr groß/ herrlich süß	spezieller Heidelbeerdünger erforderlich
Heidelbeere 'Northcountry' ❦ Juni–Juli	sonnig ↑ 60–80 cm	kompakt	mittelgroß, königsblau/ Waldbeerenaroma	spezieller Heidelbeerdünger erforderlich
Aroma-Heidelbeere 'Bluecrop' ❦ Juni–Aug.	sonnig ↑ 60–80 cm	kompakt	groß, weiß bereift/ hocharomatisch, saftig	Ertragssorte; robust, widerstandsfähig; besonders attraktive, dunkelrote Herbstfärbung
Zwergheidelbeere 'Blue Sapphire®' ❦ Juli	sonnig–halbschattig ↑ 70–80 cm ↔ 70–80 cm	kompakt	mittelgroß/ hocharomatisch, saftig	eine zweite Sorte in der Nachbarschaft steigert den Ertrag
Heidelbeere BrazelBerry® 'Peach Sorbet®' ❦ Juli–Aug.	sonnig–halbschattig ↑ bis 80 cm	langsam wachsend, sehr kompakt und verzweigt	klein, blau/ süß-exotisches Aroma	verträgt keinen Wind
Heidelbeere Pinkbeere® 'Pink Lemonade®' ❦ Aug.–Sept.	sonnig–halbschattig ↑ 120–140 cm ↔ 80–100 cm	aufrecht	fest, rosa/ süß	langsam wachsend; halbimmergrün; gute Erträge nur mit Befruchtersorte
Lubera Mehrbeere 'Pinkbeere®' ❦ Aug.–Okt.	sonnig–halbschattig ↑ 100–120 cm ↔ 40–60 cm	aufrecht	Pinkbeere® 'Pink Lemonade®': fest, rosa; Heidelbeere 'Buddy Blue®': blau	2 Sorten in einem Gefäß; hohe Erträge dank Kreuzbefruchtung

1 BrazelBerry® 'Peach Sorbet®': Ideal für Balkongärtner – die Sorte wächst langsam und sehr kompakt.

2 'Sylvana': Die Waldheidelbeere bildet sehr süße, kleine Früchte mit typischem Waldbeerenaroma.

3 'Blautropf®': Hier ist der Name Programm: Die aromatischen Früchte der Kulturheidelbeere sind tropfenförmig.

4 BrazelBerry® 'Berry Bux®': Die dankbare Blaubeere gedeiht in Balkonkästen und kleinen Gefäßen, liefert süße, aromatische Beeren und ist zur Blütezeit eine beliebte Insektenweide.

5 'Bluecrop': Die Heidelbeere bezaubert mit flammend roter Herbstfärbung.

ERDBEEREN

Die Klassiker auf Balkon und Terrasse sind bei Jung und Alt gleichermaßen beliebt! Von Natur aus klein, passen sie in nahezu jedes Gefäß und füllen Lücken im doppelten Sinn: Sie »befruchten« selbst kleinste Sonnenplätze, in passenden Gefäßen auch die Vertikale.

Erdbeeren liefern je nach Sorte schon früh im Jahr oder dauerhaft Früchte. Im Handel gibt es so viele unterschiedliche Sorten, dass es oftmals schwerfällt, sich für die eine oder andere Sorte zu entscheiden. Allen gemein ist ihr Wunsch nach einem Plätzchen in praller Sonne!

PFLANZUNG

Immertragende Sorten pflanzen Sie am besten in den Monaten August bis September, das erhöht die Erträge im Folgejahr. Klettererdbeeren und alle anderen Sorten sollten Sie vorzugsweise im Frühjahr in geeignete Töpfe setzen.

Erdbeeren wachsen in einem gut durchlässigen, leicht sauren Boden. Mischen Sie der Pflanzerde etwas Kompost bei, alternativ können Sie auch einen anderen natürlichen Langzeitdünger verwenden (Angaben auf der Verpackung beachten). Statt Langzeitdünger können Sie Ihre Zöglinge auch mit regelmäßigen Kompostgaben alle zwei bis drei Wochen verwöhnen.

Erdbeerpflanzen (Setzlinge) werden immer so tief in das Substrat gesetzt, dass alle Wurzeln mit Erde bedeckt sind und gut Platz haben, das Herzblatt wie auch die Herzknospe müssen sich knapp über der Erdoberfläche befinden. Wenn Sie sich Jungpflanzen in Töpfen besorgt haben, setzen Sie diese genauso tief in die Erde, wie sie im Topf standen. Zwischen den einzelnen Pflanzen sollten etwa 30 cm Abstand eingehalten werden. Nach dem Pflanzen drücken Sie die Erde behutsam an und gießen die Setzlinge mit sanftem Strahl ein.

PFLEGE

Achten Sie darauf, dass die Jungpflanzen in der ersten Zeit nicht austrocknen. Eine Mulchschicht (→ Seite 29) erspart Ihnen Gießarbeit, schützt die Pflanzen vor zu schnellem Austrocknen und bietet den Früchten später einen sauberen Untergrund, sodass diese nicht so schnell faulen. Erdbeeren sind generell mehrjährig, doch im Kübel bringen die Pflanzen maximal drei Jahre gute Ernten, danach sollten sie ausgetauscht oder durch ihre Ausläufer ersetzt werden. Ansonsten sollten Sie die sich bildenden Triebe regelmäßig entfernen, denn sie nehmen den Pflanzen Kraft. Das gilt selbstverständlich nicht für rankende oder kletternde Sorten!

Vor den Wintermonaten werden die alten Blätter entfernt, das Herzblatt darf dabei aber nicht beschädigt werden. Ein guter Winterschutz hilft den Pflanzen durch die kalte Jahreszeit (→ Seite 148).

WAS TUN GEGEN MEHLTAU?

Sobald sich die Ränder der Erdbeerblätter nach oben einrollen, ist dies ein sicheres Anzeichen für Mehltau. Des Weiteren erkennen Sie den Befall an den rötlich verfärbten Blattunterseiten. Die Blätter trocknen nach und nach vollständig ein, die Pflanze ist dadurch insgesamt geschwächt. Mehltau tritt überwiegend unter feucht-warmen Bedingungen auf (Witterung, zu dichte Bepflanzung, Unkraut). Sobald Sie einen Befall feststellen, müssen sofort alle betroffenen Blätter entfernt und im Hausmüll (nicht auf dem Kompost!) entsorgt werden. Anschließend besprühen Sie Ihre Erdbeerpflanzen mit einer Milch-Wasser-Lösung (Verhältnis 1 : 4). Dieses Spritzmittel können Sie auch vorbeugend anwenden. Nach der Ernte sämtliche Pflanzenteile abschneiden und entsorgen, da die Pilzsporen gerne im Laub überwintern. Schutz vor Mehltau bieten die Auswahl resistenter Sorten und geeignete Nachbarn wie Knoblauch, Blattsalat und Tagetes, welche dabei helfen, die Pilzsporen zu vertreiben.

Monatserdbeeren erinnern in Aussehen und Aroma an Walderdbeeren. Sie kommen mit wenig Platz und Halbschatten aus.

ERDBEERSORTEN

Walderdbeeren:

- 'Tubby® White'
- 'Tubby® Red'
- 'Scarlet Beauty'

Aroma-Erdbeeren:

- 'Rosana®'
- 'Camara®'
- 'Hummi® Neue Mieze'

Kettererdbeeren:

- 'Parfum® Freeclimber®'
- 'Hummi®'

Hängeerdbeeren:

- 'Parfum® Freejumper®'
- 'Rosalie'

immertragende Sorten:

- 'Delizz®'
- 'Elan'/'ElanF1'
- 'Parfum® Ewigi Liebi®'

besondere Sorten:

- 'Daroyal®' (frühe Reife)
- 'Korona®', 'Mara de bois®' (sehr ertragreich)
- 'Mieze Schindler', 'Senga® Sengana'® (beliebt)

EXOTEN

Mediterrane und tropische Obstgewächse zaubern Urlaubsfeeling pur auf Balkon oder Terrasse. Sie benötigen einen warmen, vollsonnigen Standort, halbschattige Lagen reichen meist nicht aus. Zudem sind nur manche dieser Pflanzen zuverlässig winterhart. Wer also keine Möglichkeit hat, die Sonnenanbeter in einem frostfreien, hellen Raum, einer Garage oder einem Keller zu überwintern, sollte einjährige Vertreter wählen oder solche, die schon im ersten Jahr fruchten und in unseren Breiten wie Einjährige behandelt, also nicht über den Winter gebracht werden. Hier ein paar Beispiele zu jeder Kategorie!

EINJÄHRIGE EXOTEN

Sorte/ Erntezeit	Standort/Größe	Wuchs	Frucht/Geschmack	Gut zu wissen
Mini-Wassermelone 'Mini-Love' 🍎 **Aug.–Okt.**	vollsonnig ↑ bis 100 cm ↔ bis 100 cm	stark wuchernd	bis zu 15 cm Ø, kernarm/ zuckersüß, saftig	muss ausreichend gegossen und wöchentlich gedüngt werden; einjährig
Melonenbirne 'Sugar Gold®' 🍎 **Spätsommer**	vollsonnig ↑ 90–120 cm	wächst sehr schnell und trägt schon im ersten Jahr reichlich	10–20 cm Ø/ Mischung aus Birne und Honigmelone	braucht viel Wasser; vorsichtig düngen (Dünger fördert Wachstum, aber nicht den Fruchtansatz); prinzipiell mehrjährig
Andenbeere 'Gold Vital' 🍎 **Sept.–Okt.**	vollsonnig ↑ 100–200 cm	stark wachsend, buschig, bildet lange Rhizome	orange, in der Größe von Kirschtomaten/süßsäuerlich	Rankgerüst erforderlich; Früchte mit hohem Vitamin-C-Gehalt

1 **Wassermelone 'Mini-Love':** Mit ca. 1 m² Platz zum Ranken kommt sie gut im Topf zurecht.

2 **'Sugar Gold®':** Melonenbirnen schmecken nach den Namensgebern und zaubern exotisches Flair in den Topfgarten.

3 **Andenbeere:** Die auch als Physalis bezeichnete Pflanze lässt sich prima einjährig kultivieren.

MEHRJÄHRIGE EXOTEN

Sorte/ Erntezeit	Standort	Wuchs	Frucht/Geschmack	Gut zu wissen
Maracuja 'Suntropics®' (*Passiflora edulis*) 🍎 Juli–Nov.	vollsonnig ↑ 180–220 cm	kletternd	violett/ saftig, hocharoma-tisch	nur bedingt winter-hart; hell und kühl überwintern
Mini-Kiwi 'Vitikiwi®' 🍎 Sept.–Okt.	vollsonnig ↑ bis 300 cm	kletternd, gut schnittveträglich, kann auf 250 cm Höhe eingekürzt werden	grün, glattschalig/ fruchtig-säuerlich	zuverlässig winter-hart; bildet auch ohne Befruchtung regelmäßig Früchte (ohne Samen)
Mini-Kiwi 'Issai' 🍎 Sept.–Okt.	vollsonnig ↑ 300–400 cm ↔ 400–800 cm	kletternd	grün, glattschalig/ sehr süß	selbstfruchtend; zu-verlässig winterhart; widerstandsfähig gegen Krankheiten und Schädlinge
Zwergmaulbeere 'Mojo Berry' 🍎 Juni–Sept.	vollsonnig ↑ bis 150 cm ↔ 100–120 cm	kleinwüchsig, lang-sam wachsend	klein, brombeer-artig/ süß-aromatisch	winterhart; fruchtet am diesjährigen und letztjährigen Holz
Feigenbaum 'Gustis® Ficcolino®' 🍎 Juni, Sept.	vollsonnig ↑ 160–180cm	kompakt, klein bleibend	klein, gelbgrün, zar-te, essbare Schale/ sehr süß	zuverlässig winterhart
Granatapfel 'Favorite' 🍎 Okt.–Nov.	vollsonnig ↑ bis 200 cm	strauchähnlich, braucht etwas Platz	mittelgroß, dunkel-orange/typisches Aroma, spritzig	nicht winterhart; selbstfruchtend

1 **'Mini-Kiwi 'Issai®':** Mini-Kiwis gedeihen wunderbar in Gefäßen und sind winterhart.

2 **Zwergmaulbeere 'Mojo Berry':** Der Geschmack der süß-aromatischen Früchte erinnert entfernt an Brombeeren.

3 **'Gustis® Ficcolino®':** Diese Feige wächst von allen Sorten am langsamsten und ist winterhart.

ZITRUSOBST
auf Sommerfrische

Attraktives Laub, duftende Blüten und reife Früchte – kein Wunder, dass Zitrusobst weltweit zu den beliebtesten Kübelpflanzen zählt. Zahlreiche verschiedene Arten und die je nach Art und Sorte unterschiedlich geformten Früchte steigern den Reiz noch mehr ...

Zitrusfrüchte auf Balkon oder Terrasse sind längst keine Seltenheit mehr, sind sie doch der Inbegriff für mediterranes Flair und Lebensgefühl.

Der Arten- und Sortenreichtum ist groß: Neben Klassikern wie Zitronen-, Mandarinen- und Orangenbaum zählen auch Limetten, Pampelmusen und die Yuzu dazu, im erweiterten Sinne Kumquats, die Dreiblättrige Orange und die Finger- und Wüstenlimette. Liebhaber von Zitruspflanzen sind also durchaus gut beraten, sich ein gutes Spezialbuch zu Sorten, Pflege und Überwinterung von Zitrusobst zu besorgen.

Dieses Thema an der Stelle ausführlicher zu besprechen würde den Rahmen dieses Buches sprengen. Da Zitrusobst aber in keinem Cityobst-

garten fehlen sollte, will ich hier zumindest ein paar ausgefallenere Sorten nennen, dazu ein paar wichtige Tipps zur Pflege:

- *Für Zitruspflanzen empfiehlt es sich, ein Spezialsubstrat zu verwenden, um den besonderen Ansprüchen dieser Gewächse gerecht zu werden.*
- *Ausreichend Wasserabzugslöcher und eine gute Drainageschicht sind extrem wichtig, da Staunässe absolut unerwünscht ist.*
- *Zitruspflanzen wollen gleichmäßig mit Wasser versorgt sein. Gießen Sie aber nur dann, wenn die oberste Erdschicht trocken ist.*
- *Mit dem Düngen (Spezialdünger!) beginnt man ab dem Austrieb im Frühjahr.*
- *Alle zwei bis drei Jahre sollten die Pflanzen in etwas größere Töpfe (ca. 5 cm mehr Umfang) umgesetzt werden. Pflanzung oder Umtopfen sind vom Frühjahr bis September möglich, auf keinen Fall während der Ruhephase im Winter.*
- *Die meisten Zitruspflanzen wünschen sich ein helles und kühles Winterquartier (ca. 10 °C). Pomelos, Grapefruits und Pampelmusen brauchen es etwas wärmer (10–15 °C), vor allem dann, wenn noch unreife Früchte über den Winter weiterentwickelt werden sollen.*
- *Die noch jungen Zitronenbäume benötigen oftmals einen Stützstab oder ein Spalier.*

Zitrusfrüchte haben besondere Ansprüche an das Substrat und wünschen sich ein helles, frostfreies, aber kühles Winterquartier.

BESONDERE ZITRUSSORTEN

Sorte/ Erntezeit	Standort	Winterhärte	Frucht/Geschmack	Gut zu wissen
Zitronat-Zitrone 'Buddhas Hand' 🍎 ganzjährig	sonnig ↑ 50–70 cm Substrat zu einem Drittel mit Kies, grobem Sand oder Blähton vermischen	nicht winterhart	aufsehenerregend geformte Früchte, die an die Finger einer Hand erinnern; nur die Schale ist essbar	Opfergabe in buddhistischen Zeremonien; in China traditionelles Neujahrsgeschenk als Symbol für Glück, Zufriedenheit und ein langes Leben
Bunte Caviar-Limette 'CaviLime®' 🍎 ganzjährig	sonnig ↑ 50–60 cm ↔ 50–60 cm	kurzfristig bis –2 °C	ca. 8 cm lang, kaviarähnliches Fruchtfleisch/ intensives Aroma	je nach Reifegrad verändert sich die Farbe der Früchte; Farbe der Kaviar-perlen wechselt von Gelb über Grün bis hin zu Rot
Bergamotte 'Fantastico' 🍎 Herbst, Frühjahr	sonnig ↑ bis 200 cm (nach 10 Jahren)	kurzfristig bis –4 °C	groß, rund bis flachrund, grün bis gelb/verwendet wird die Schale	aus der Schale wird das berühmte Bergamotte-Duftöl gemacht
Pomelo 'Citrus grandis' 🍎 Herbst, Frühjahr	sonnig ↑ 200–300 cm	nicht winterhart	groß (0,5–2,5 kg), rund, Schale auch bei Reife leicht grünlich, Frucht-fleisch gelblich bis lachsfarben/ süßsäuerlich, mild	kräftiger Wuchs; bedornt; großflächi-ge Blüten teilweise in Trauben, aber auch einzeln angeordnet

1 Zitronat-Zitrone 'Buddhas Hand': ein außergewöhnlicher Gast auf Balkon und Terrasse.

2 Caviar-Limette 'CaviLime®': Ihr ungewöhnlich geformtes Fruchtfleisch ist ein ganz besonderer Genuss.

3 Pomelo 'Citrus grandis': Braucht etwas mehr Platz, doch schmeckt unwiderstehlich gut.

FRUCHT-PARADIESE –
für jeden etwas

Je nach Vorliebe und Geschmack lassen sich die unterschied-lichsten Fruchtparadiese erschaffen. Hier ist der Fantasie kaum eine Grenze gesetzt. In diesem Kapitel stelle ich Ihnen ein paar Beispiele vor, die Ihnen Inspiration, Ideen und die eine oder andere konkrete Anleitung für die Gestaltung Ihres persönlichen Obstgartens geben sollen. Und ja, einige Naschideen sind natürlich auch dabei! Ihr eigenes fruchtiges Paradies wird sicher etwas anders aussehen, je nachdem, welche Voraussetzungen für Ihre Pflanzen auf dem Balkon gegeben sind.

—

NASCHBALKON
für Kinder

Kinder naschen nur zu gerne. Noch besser schmeckt es natürlich, wenn sie bei der Pflege ihrer Lieblingsfrüchte mitmachen können. Schnell und ausdauernd fruchtende, einfach zu kultivierende Sorten machen kleine Gärtner garantiert glücklich.

Bei kleinen Kindern sollten Sie Obstgewächse bevorzugen, die auf jeden Fall zuverlässig und bald nach dem Pflanzen fruchten, sodass Erfolgserlebnisse garantiert sind. Denn das sorgt dafür, dass Ihre Lieblinge Freude am Gärtnern haben und motiviert bei Pflege und Ernte mitmachen. Das ist ganz wichtig! Weiterhin sollten Sie bei der Auswahl auch bedenken, dass Kinder noch nicht so viel Geduld haben, von daher ist es ratsam, Obstsorten zu wählen, die recht einfach in der Pflege sind und zudem früh reifen. Am besten kombinieren Sie Obstgewächse (ebenso Gemüse sowie Blumen) in der Weise, dass nicht alles auf einmal reift, sondern vom Frühsommer bis in den Herbst etwas zum Naschen vorhanden ist.

GÄRTNERN MIT KINDERN

Übertragen Sie Ihrem Kind doch jeweils ein Bäumchen, einen Strauch oder auch nur einen Kasten mit Erdbeerpflanzen, damit es – je nach Alter – die Gewächse nach Ihrer Anleitung ganz alleine pflegen und versorgen kann. Vielleicht erstellen Sie zusammen einen Plan, welche Pflegemaßnahmen wann erfolgen müssen, sodass die Kids genau wissen, was zu tun ist. Das fördert gleichzeitig das Verantwortungsbewusstsein und sie lernen von klein auf den richtigen Umgang mit den Pflanzen. Ihre Sprösslinge werden mächtig stolz auf die erste eigene Ernte sein. Kinder brauchen für ihre Entwicklung auf jeden Fall positive Erfolgserlebnisse, denn das fördert ihr Selbstbewusstsein. Und ja, schimpfen Sie nicht, wenn einmal etwas schiefgegangen ist oder Ihr Kind etwas vergessen hat. Wir Erwachsenen machen doch auch hin und wieder Fehler und lernen daraus, so ist es auch bei Kindern.

Ein Obstgärtchen für Kinder planen

Damit die kleinen Gärtner gut arbeiten können, sollten Sie bei der Einrichtung die Höhe im Blick behalten: Mini-Hochbeete und Kästen am Geländer sind wahrscheinlich zu hoch für die Zwerge, daher auf keinen Fall so positionieren, dass sie

Obstbäumchen erfordern etwas mehr Geduld, doch die Pflege ist spannend und die süßen Kirschen zählen zu den Lieblingsfrüchten kleiner Obstgärtner.

Eine echte Ernteglück-Pflanze: Johannisbeeren sind unkompliziert in der Pflege, fruchten schnell, früh und reichlich.

versuchen, auf das Geländer zu klettern! Besser ist es, Kisten, Kästen und Töpfe in passender Arbeitshöhe aufzustellen. Bäumchen und Sträucher im Kübel auf dem Boden wachsen auf Kindergröße und sind somit ideal. Toll sind auch kleine Kistenbeete für Erdbeeren oder kleinwüchsige Kulturheidelbeeren bzw. Waldheidelbeeren. Pflanztürme oder -pyramiden sind ebenso praktisch, Hängeampeln, Kästen an der Außenseite oder hoch hängende Pflanztaschen dagegen schwierig, da die Kids nicht hinkommen.

DIE BESTEN FRÜCHTE FÜR KINDER

Immertragende Erdbeersorten, wie 'Rosana®', 'Delizz®' oder 'Imatraga-Selektra®' erfreuen jedes Kind, denn sie bringen über die ganze Saison hinweg Früchte hervor. An einem vollsonnigen Standort ist eine reichliche Ernte in Aussicht. Besonders an den kleinen, süßen, aromatischen Walderdbeeren (oder auch Monatserdbeeren) werden Ihre Kinder viel Freude haben, denn es sind anspruchslose Pflanzen mit leckeren süßen Früchten, die sich wunderbar zum Anbau in Kästen und Kübeln eignen.

Erdbeeren sind auch ideal für den »Saisonstart«, wenn Sie eine sehr früh tragende Sorte wie die 'Imatraga-Selektra®' in den Kinder-Obstgarten einplanen. Bei dieser Sorte reifen bereits ab Mai die ersten Früchte, sofern das Wetter mitspielt.

Beerensträucher für Kinder

Speziell für Kinder sind dornenlose Beerensträucher gut geeignet, die gleichzeitig süße Früchte hervorbringen und in der Pflege nicht ganz so anspruchsvoll sind. Das trifft vor allem für Heidelbeeren und alle dornenlosen Himbeer- und Brombeersorten zu, aber auch für Johannisbeeren, wenn leicht Saures den Geschmack Ihrer Kinder trifft. Beerensträucher lassen ab dem zweiten Jahr gute Ernten erwarten, und mit jedem weiteren Standjahr, bei guter Pflege und regelmäßigem Schnitt, können erstaunliche Ernten auch auf einem Balkon erzielt werden. Wählen Sie beispielsweise eine frühe Heidelbeere oder eine rote Johannisbeere, startet die Beerensaison schon Anfang/Mitte Juni. Mit einer Herbsthimbeere oder Brombeere geht die Naschsaison nahtlos weiter und lässt sich bis in den Herbst hinein verlängern.

Kern- und Steinobstbäumchen

Sie sind sicherlich besser für etwas ältere Kinder geeignet. Zwar stehen gerade Süßkirschenbäumchen bei Youngstern hoch im Kurs, aber bis diese richtig gute Ernten hervorbringen, braucht es ein paar Jahre. Ein Kind ist sicherlich enttäuscht, wenn die erste Zeit nur sehr wenige Kirschen oder Äpfel auf seinem Bäumchen wachsen – von daher rate ich eher zu Beerensorten, um erste, erfolgreiche Ernteerlebnisse zu erzielen. Es sei denn, sie haben vielleicht ein etwas älteres Bäumchen ergattern können, sodass bereits gute Erträge erwartet werden können. In so einem Fall wird es bestimmt spannend für die Kids, die Pflege eines solchen Bäumchens zu übernehmen.

Was noch dazupasst

Natürlich dürfen auch andere Pflanzen auf dem Kinderbalkon nicht fehlen. Besonders viel Freude dürften essbare Blüten und üppige Kräuter machen, die hübsch aussehen, leicht zu pflegen sind und am besten noch zum Naschobst passen:

1. **Ringelblumen:** Die pflegeleichten, gelben Blumen können Kinder ganz leicht selbst aussäen.

Naschbalkon

Vorschlag 1:

1. 1 Johannisbeer-Hochstämmchen
2. 2 Walderdbeeren 'Tubby® Red'
3. 1 Walderdbeeren 'Tubby® White'
4. 2 Duftveilchen

Vorschlag 2:

5. 1 Zwerg-Herbsthimbeere Lowberry® 'Sweet Little Sister®'
6. 1 Zitronenmelisse
7. 2–3 Erdbeerpflanzen, zum Beispiel die Ananas-Erdbeere 'Snow White®'

Vorschlag 3:

8. 2–3 immertragende Erdbeeren, zum Beispiel 'Delizz®', 'Camara®' oder 'Elan'
9. 1–2 Ringelblumen

Zwischen Erdbeeren und anderen Pflanzen sehen sie nicht nur schön aus, sie schützen auch die Nachbarpflanzen vor schädlichen Nematoden. Die Blätter können für Tees, als Deko für Blatt- und Obstsalate, aber auch für Blüteneiswürfel (→ Info) verwendet werden.

2. **Zitronenmelisse, Minze, Zitronenverbene:** Sie wachsen auch in kleinen Töpfen üppig und sorgen für viel Grün. Die Blätter schmecken als (Eis-)Tee, in Eiswürfeln, auf Salaten. Die Zitronenverbene ist aber nicht winterhart und sollte daher in der kalten Jahreszeit ins Haus geholt werden. Pfefferminze ist recht einfach zu halten und gerade auch für kleine Kinder sehr gut zu handeln. Minze, egal welche Sorte, auf keinen Fall in Gefäße pflanzen, die noch andere Bäumchen oder Sträucher beherbergen, da sie ohne Ende wuchert und alles andere verdrängt.

3. **Duftveilchen** (*Viola odorata*): Von März bis April blüht dieses wunderschöne kleine Veilchen, das sich teppichartig als Unterpflanzung an schattigen bis halbschattigen Plätzen ausbreitet und gerade einmal 5–15 cm hoch und 20–25 cm breit wird. Die Blüten können pur gegessen, aber auch in süßen Speisen verwendet werden. Die Blätter finden als Heilkraut Anwendung. Duftveilchen sind sowohl in verschiedenen Blautönen als auch mit weißer Blüte erhältlich. Die wohl bekanntesten Sorten sind: 'Coeur d'Alsace', 'Königin Charlotte', 'Sulphurea', 'Red Charme', 'Admiral Avellan'.

MEIN PFLANZVORSCHLAG

Links finden Sie drei Pflanzideen für einen vielseitigen Kinderbalkon. Bei den beiden ersten Vorschlägen sollte das Gefäß mindestens die Maße 0,60 m (L) × 0,40 m (B) × 0,50 m (H) haben. Für Vorschlag 3 brauchen Sie einen Balkonkasten mit 60 cm (besser noch 100 cm) Länge. Wichtig ist, dass die Kästen nicht zu voll gepflanzt werden! Die Pflanzen wachsen ja noch.

BEERENBRAUSE MIT BLÜTENEISWÜRFELN

Für die Brause

500 g Erdbeeren und 250 g Himbeeren verlesen und kalt abbrausen, die Erdbeeren vom Stielansatz befreien. Die Beeren in einem hohen Rührbecher mit dem Pürierstab oder im Mixer pürieren, danach durch ein feines Sieb streichen. Nach Belieben mit 1 EL Honig süßen und den Saft einer ½ Zitrone hinzufügen. Den Beerensirup in den Kühlschrank stellen und 1–2 Std. ziehen lassen.

Füllen Sie den Sirup anschließend in eine Karaffe, je nach Geschmack und Vorliebe kommen noch 4 Minze- oder Blüteneiswürfel dazu sowie ein paar frische Erdbeeren und Himbeeren. Kurz vor dem Servieren mit Mineralwasser auffüllen und genießen.

Für die Eiswürfel

Hierzu einen Eiswürfelbehälter mit Wasser befüllen und jeweils ein paar essbare Blütenblätter, Minzeblättchen oder Beeren in die verschiedenen Fächer geben. Den Behälter mindestens 2 Stunden tiefkühlen.

Am besten gleich mehrere Eiswürfelbehälter auf Vorrat befüllen und ins Tiefkühlfach stellen, so haben Sie an heißen Sommertagen jederzeit und schnell ein paar erfrischende Eiswürfel mit Geschmack zur Hand.

Ob Sie jeweils nur eine Beerensorte für die Fächer verwenden oder verschiedene Beeren mischen, bleibt Ihnen überlassen.

Beeren-, Minze- oder Blüteneiswürfel lassen sich vielseitig in Limonaden, Brausen, aber auch im stillen Wasser als Geschmacksträger verwenden. Sie peppen jedes Getränk auf!

ERDBEERBALKON
für Liebhaber

Nur Erdbeeren? Ist das nicht langweilig? Absolut nicht, es gibt so viele Sorten und tolle Pflanzideen, dass garantiert keine Eintönigkeit aufkommt. Mit den Anregungen für Pflanzgefäße und Kombinationen in diesem Abschnitt können Sie Erdbeeren satt ernten.

Sie haben nicht viel Platz? Und Sie wollen keine großen Obstgewächse anschaffen, weil Zierpflanzen und Gemüse schon ihren Stammplatz haben? Oder sind Sie einfach verrückt nach Erdbeeren? Dann ist ein Erdbeerbalkon genau das Richtige für Sie! Erdbeeren sind einfach in der Pflege, brauchen sehr wenig Platz und bringen an einem vollsonnigen Standort unermüdlich unzählige schmackhafte Früchte hervor.

KLEINE FLÄCHENWUNDER

Mit den vergleichsweise kleinen Obstgewächsen lassen sich wahre Naschparadiese schaffen, denn Sie eignen sich nicht nur für verschiedenste Töpfe und Gefäße, sondern sind auch ideal für vertikale

Pflanzsysteme. Ob stapelbare Behälter oder Pflanztaschen zur Wandbekleidung – die unkomplizierten Pflänzchen lassen viel Spielraum für fantasievolle Eigenkreationen. Eine prima Lösung für den Erdbeeranbau auf kleinster Fläche sind spezielle Pflanzsäcke, die nicht nur obenauf, sondern auch an mehreren seitlichen Öffnungen bepflanzt werden können. Weiterer Vorteil: Den Pflanzen steht deutlich mehr Erde zur Verfügung, aus der sie sich mit Wasser und Nährstoffen versorgen können – das erleichtert das Gieß- und Düngemanagement erheblich!

Erdbeerturm

Eine weitere Möglichkeit, wie Sie mit Erdbeeren hoch hinauskommen, ist der Erdbeerturm. Dabei handelt es sich um stapelbare Behälter, die in mehreren Etagen bepflanzt werden können. Im Gartenhandel sind unterschiedliche Varianten in allen Preisklassen erhältlich.

Empfehlenswert in diesem Zusammenhang ist **Paul Potato**, ein Behälter, der eigentlich für den Anbau von Kartoffeln auf dem Balkon gedacht ist, der sich aber genauso gut als Unterkunft für Ihre Erdbeerpflänzchen eignet. Der Boden der drei bis vier stapelbaren Kästen ist vielfach gelöchert, sodass überschüssiges Gießwasser sehr gut abflie-

Pflanzentürme eignen sich eher für Gewächse mit bescheidenen Ansprüchen an die Substratmenge. Erdbeeren sind hierfür die ideale Bepflanzung.

In einer zum Wandbeet umfunktionierten Palette lässt sich ein ganzes Erdbeerbeet unterbringen. Diese vertikale Beetform eignet sich vor allem für Gewächse, die mit wenig Erde auskommen.

ßen kann. Eine wichtige Voraussetzung dafür, dass sich die Pflanzen dauerhaft wohlfühlen. Weiterhin ist bei der Bepflanzung darauf zu achten, den jeweiligen Behälter nur mit so viel Substrat zu befüllen, dass nach oben etwa 1 cm Luft bleibt. So kommt genug Luft an die Erde und es bildet sich kein Schimmel an deren Oberfläche.

Statt Paul Potato umzufunktionieren, können Sie sich auch für den vom gleichen Hersteller angebotenen Erdbeerbaum entscheiden. **Sissi Strawberry**, so die Bezeichnung, wurde speziell für Erdbeerpflanzen entwickelt und braucht nur wenig Platz, da sie schlank und rank gebaut ist und hauptsächlich in die Höhe geht. Auch die Behälter des Erdbeerbaums weisen am Gefäßboden ausreichend Wasserabzugsschlitze auf, sodass Staunässe vermieden werden kann. In einem Turm mit drei Etagen bekommen Sie beim Paul Potatoe in etwa zehn Pflanzen unter, sofern Sie diesen nur mit Erdbeeren bestücken. Jede Etage bietet Platz für drei Pflanzen, auf die »Dachterrasse« passen insgesamt vier Pflanzen – bei guter Pflege ist eine reiche Erdbeerernte garantiert! Ob Sie dabei gleiche oder unterschiedliche Sorten verwenden, hängt

von Ihren persönlichen Vorlieben ab. So kann man beispielsweise bei Verwendung unterschiedlicher Sorten mit verschiedenen Reifezeiten eine gestaffelte Ernte mit reichen Erträgen planen. Immertragende Sorten garantieren dagegen regelmäßigen Genuss in kleineren Mengen.

Ob Paul Potato oder Sissi Strawberry – bei Pflanzbehältern in dieser Größe ist es ratsam, sie auf einen Rollwagen zu positionieren, damit man sie leichter von der Stelle bewegen oder auch mal drehen kann. Letzteres ist insbesondere dann wichtig, wenn Sie einen halbschattigen Balkon haben und Ihre Erdbeeren gleichermaßen Sonne abbekommen sollen. Ein Untersetzer fängt überschüssiges Gießwasser auf und vermeidet kleinere Überschwemmungen im Erdbeerparadies.

Erdbeerwand

Je sonniger der Platz, umso mehr saftige, leckere Erdbeeren können Sie bei guter Pflege ernten. Warum dann nicht auch sonnenverwöhnte Wände auf Balkon oder Terrasse für die eigene kleine Erdbeerplantage nutzen?! Verwenden Sie dazu beispielsweise spezielle **Pflanztaschen**, die im Handel in vielen verschiedenen Ausführungen und Größen erhältlich sind. Pro Tasche findet eine Erdbeerpflanze Unterkunft und ihren Platz an der Wand. Auch mit dieser Methode lassen sich auf kleinstem Raum gute Ernten erzielen. Für Erdbeerfreunde, die gerne auch mal selbst Hand anlegen, sind Holzpaletten eine kreative Alternative. Diese hochkant aufstellen und an den einzelnen »Etagen« jeweils einen Boden aus Holz anbringen – fertig ist der mehrstöckige Pflanzbehälter. Nun noch die einzelnen Kästen mit Folie auskleiden und mit dem passenden Substrat befüllen – schon können Sie Ihren Pflanzen einen geeigneten Platz zum Wachsen bieten!

Climber und Jumper

Bestimmte Erdbeersorten verfügen dank züchterischer Bemühungen über Eigenschaften, die Balkongärtner platzsparend nutzen können. Klettererdbeeren wie 'Parfum® Freeclimber®' oder 'Hummi®' genügt ein Pflanzgefäß mit Kletterhilfe, um auf kleinstem Raum reiche Ernte zu bringen: Sie klimmen mit ihren dicht mit Früchten besetzten Ranken munter das Gerüst empor. Für paradiesische Verhältnisse sorgen auch die Sorten 'Parfum® Freejumper®' und 'Rosalie'. In Ampeln gepflanzt sorgen diese Hängeerdbeeren dafür, dass dem Balkongärtner die Früchte im wahrsten Sinne des Wortes in den Mund hängen. Nur gut,

Erdbeerturm

(Links: von hinten, rechts: von vorn)

Obere Etage:

- ❶ 1 Schnittknoblauch
- ❷ 1 Tagetes
- ❸ 1 Erdbeere 'Parfum Fraisonette®'
- ❹ 1 immertragende Ziererdbeere 'Double Pleasure® Hanging Pink Wonder®'
- ❺ 1 Erdbeere 'Parfum® Ewigi Liebi®'

Mittlere Etage:

- ❻ 1 Hängeerdbeere 'Parfum Freejumper®'
- ❼ 1 Borretsch
- ❽ 1 Melisse

Untere Etage:

- ❾ 2 Walderdbeeren 'Tubby® Red'
- ❿ 1 Walderdbeere 'Tubby® White'

wenn die Ampel mit einem Kokosfasernetz ausgestattet ist. Gerade bei Balkonen, die nicht überdacht sind und den Pflanzen keinen Schutz vor Dauerregen bieten, läuft das Wasser problemlos durch den Kokosfasereinsatz ab und die Pflanzen sind keiner Staunässe ausgesetzt.

GUTE ERDBEERPARTNER

Ob in Pflanztaschen, Türmen oder Kästen: Es gibt Pflanzpartner, die Ihren Erdbeerbalkon nicht nur optisch aufwerten, sondern den süßen Früchtchen auch noch Nutzen bringen:

- *Schnittlauch wirkt Pilzbefall und anderen Krankheiten entgegen, Petersilie, Rucola oder Borretsch unterstützen Blütenansatz und Befruchtung und Bohnenkraut verscheucht Läuse.*
- *Zwiebeln, Porree, Knoblauch und Tagetes halten den unliebsamen Besuch von Schnecken fern.*
- *Die ätherischen Öle von Melisse, Kamille, Dill wirken auf Erdbeerpflanzen vitalisierend.*
- *Knoblauch und Schnittknoblauch unterstützen gleichfalls bei der Abwehr von Pilzkrankheiten und schädlichen Bakterien.*
- *Ringelblumen, die zwischen Erdbeerpflanzen sprießen dürfen, beugen Schädlingen wie Drahtwürmern und Nematoden vor.*

Gute Partner für die Mischkultur in Töpfen sind Spinat, Kopfsalat, Radieschen und Buschbohnen. Vorsicht ist dagegen bei Kartoffeln oder den verschiedenen Kohlarten geboten. Diese sollten Sie auf keinen Fall mit den Erdbeerpflanzen kombinieren, denn sie begünstigen verschiedene Schädlinge und Bodenpilze, die den Erdbeergewächsen schaden. Puffbohnen, Gladiolen oder Tulpen sind gleichfalls ungeeignete Partner für Erdbeeren, dazu alle Arten von Gräsern. Doch wozu kombinieren? Wer den vorhandenen Platz allein den Erdbeerpflanzen vorbehalten will, der kombiniert weiß und pink blühende sowie hängende und stehende Sorten. Auf diese Weise wirkt auch eine reine Erdbeerkultur wie ein vielfältiges Mini-Beet.

Schnittlauch ist der perfekte Begleiter nicht nur für Erdbeeren: Er hält seinen Nachbarn effektiv Schädlinge vom Leib.

ERDBEEREN ALS UNTERPFLANZUNG

Erdbeerpflanzen bleiben niedrig und kommen mit wenig Substrat aus, sind darum die geeignete Unterpflanzung von Obstbäumchen mit Stamm. Entscheidend ist jedoch, dass sie genug Sonne tanken können. Lediglich Monatserdbeeren vertragen Halbschatten noch recht gut.

MEIN PFLANZVORSCHLAG

Die vorgeschlagene Kombination eignet sich für einen Erdbeerturm, einen großen Pflanzsack mit Seitenöffnungen oder ein Paletten-Wandbeet.

GRÜNE WÄNDE
zum Genießen

Manche Obstgewächse brauchen ein Klettergerüst. Warum dann nicht zwei Fliegen mit einer Klappe schlagen und statt Efeu und Clematis lieber Wein, Kiwis und Co. zu grünen Wänden wachsen lassen? Das klappt selbst auf dem kleinsten Balkon!

Wer möchte nicht gerne sein kleines Balkon- oder Terrassenparadies vor neugierigen Blicken schützen, um ungestört Zeit im Freien verbringen zu können? Falls Sie nicht auf Sichtschutzelemente aus dem Baumarkt, sondern lieber auf »grüne Wände« setzen, die gleichzeitig reichlich Früchte im Angebot haben, dann stehen Ihnen zwei Gestaltungsmöglichkeiten zur Verfügung.

BÄUMCHEN ALS SICHTSCHUTZ

Grenzen setzen – im Garten pflanzt man zu diesem Zweck gern eine Hecke, auf Balkon oder Terrasse kann man diese mit frei stehenden Obstgewächsen in Kübeln nachempfinden: Ideal dafür geeignet sind Säulenobstbäumchen (→ Seite 43)

und U-Form-Säulen (→ Seite 45); für was Sie sich jeweils entscheiden, ist vor allem vom vorhandenen Platzangebot abhängig.

Im Handel werden bisweilen 2er- oder 4er-Spar-Sets unterschiedlicher Säulenobstsorten angeboten. So findet man etwa eine Kombi aus je einer Apfel-, Birnen-, Kirschen- und Pflaumensäule. Ein verlockendes Angebot, doch hierbei bitte die Sortenbeschreibung aufmerksam studieren, denn nicht immer handelt es sich um selbstfruchtende Säulenbäumchen. Und wer möchte schon vier weitere Obstgehölze als Befruchter auf dem Balkon unterbringen? Stellen Sie sich Ihre Säulenobsthecke darum am besten eigenhändig aus selbstfruchtenden Sorten zusammen. Nur so ist gewährleistet, dass Sie nicht noch mehr Bäumchen anschaffen müssen, um ernten zu können.

SPALIER STEHEN

Die zweite Möglichkeit, für grünen Sichtschutz zu sorgen, ist ein Spalier mit Kletterpflanzen, und das vorzugsweise mit leckerem Fruchtbehang!

Ein Dach aus Weinranken

Die Weinrebe ist eine Kletterpflanze. Mit ihren langen Ranken und dem attraktiven Laub begrünt sie nicht nur Hauswände, sondern lässt sich auch

Weinreben wachsen willig zu grünen Dächern heran. Achten Sie auf winterharte Sorten, der Umzug in ein Winterquartier dürfte schwierig sein ...

Eine Traubenkiwi verlangt ein Rankgerüst, das gitterförmige Balkongeländer nach etwas Sichtschutz. Beides zusammen ergänzt sich geradezu optimal!

wunderbar an einem Spalier ziehen. Beste Voraussetzungen, um von Mai bis Ende Oktober einen dekorativen Sichtschutz zu haben und dabei noch reichlich schmackhafte und zuckersüße Trauben zu ernten. Allerdings braucht die Pflanze dazu einen vollsonnigen, geschützten Standort, andernfalls ist sie anfällig für verschiedene Blattkrankheiten und setzt nur wenige Früchte an. Weinreben gibt es in unterschiedlichen Wuchshöhen, für den Balkon sind vor allem Sorten mit einer Endwuchshöhe von 120–150 cm interessant. Sonst wächst Ihnen Ihr Weinstock nur allzu schnell über den Kopf! Das kann aber durchaus auch erwünscht sein, nämlich dann, wenn Sie die Reben nicht nur als Sichtschutz, sondern auch als grünes Dach und Schattenspender einplanen. In diesem Fall sollten Sie allerdings ein entsprechendes Gerüst als Rankhilfe bauen.

Weinreben sind in der Regel selbstfruchtend, doch wie bei Beerenobst erhöht ein zweites Exemplar auch hier die Ernte. Dabei ist es unerheblich, ob die zweite Sorte Trauben in der gleichen Farbe hervorbringt. So können Sie sich über die Ernte roter und weißer Tafeltrauben freuen!

Kiwis

Kiwipflanzen eignen sich gleichfalls hervorragend als Spalierobst. Sie bilden rasch ein dichtes Laubwerk und bieten somit einen guten Sonnen- und Sichtschutz. Ihre Frohwüchsigkeit hat aber auch einen Nachteil, da die Pflanzen nur allzu oft recht groß werden. Wer sie als Sichtschutz einsetzen will, sollte also über einen großen, nicht überdachten Balkon oder eine weitläufige Dachterrasse verfügen. Außerdem braucht die Pflanze ein stabiles Gerüst, an dem sie Halt findet.

Achten Sie beim Kauf Ihrer Kiwi unbedingt darauf, eine selbstfruchtende Sorte wie etwa 'Jenny' oder 'Solissimo' zu wählen. Denn für zwei dieser fröhlich wuchernden Pflanzen bieten die wenigsten Balkone oder Terrassen Platz. Überhaupt ist für Balkon oder Terrasse eher die Wahl kleinwüchsiger Kiwisorten zu empfehlen (→ Seite 85).

Wie viel Schatten?

Ob Weinrebe oder Kiwi – sollen Kletterpflanzen Balkon oder Terrasse überdachen und als Schattenspender dienen, so ist zu bedenken, dass man diese nicht wie eine Markise bei Bedarf aus- und wieder einfahren kann. Eine komplette Begrünung dieser Art will also wohlüberlegt sein, da Sie in Zeiten, zu denen die Sonne nicht ganz so vom Himmel brennt, vielleicht doch ein paar Sonnenstrahlen genießen wollen. Außerdem ist dann auf Ihrem Balkon auch kein Platz mehr für sonnenhungrige Pflanzen wie Erdbeeren und Co. Doch wenn Sie Balkon oder Terrasse nur zur Hälfte grün überdachen, so werden Sie bestimmt Freude daran haben, da Weinreben wie auch Kiwis an heißen Tagen für ausreichend Schatten und Kühle sorgen, bei guter Pflege (→ Seite 66) und etwas Winterschutz (→ Seite 148) aber zusätzlich mit einer reichen Ernte belohnen.

MARACUJA IM WINTERGARTEN

Die Passionsblume mit ihren wunderschönen, violett-weißen Blüten und den essbaren, leckeren Maracujafrüchten lässt sich zwar prima am Spalier ziehen, ist aber nur bedingt als Sichtschutz geeignet, da sie einen frostfreien Standort mit Temperaturen zwischen 5–10 °C zum Überwintern benötigt. Darum empfiehlt es sich, den bepflanzten Kübel von Anfang an auf einen fahrbaren Untersatz zu stellen, damit der Transport ins Winterquartier leichter zu bewerkstelligen ist. Diese attraktive Pflanze kann durchaus eine Höhe und auch Breite von 3–5 m erreichen, ist aber extrem schnittverträglich, weshalb sie im Kübel auf

Mini-Kiwi-Wand

1 1 Mini-Kiwi 'Issai'

2 1 Walderdbeere 'Tubby® Red'

3 1 Walderdbeere 'Tubby® White'

4 1 gefüllter Hornklee

5 1 Hängepolsterglockenblume (*Campanula porscharskyana*)

angemessener Größe gehalten werden kann. Mit einem kräftigen Rückschnitt im Herbst genügt dann auch ein kleineres Winterquartier, zudem fördern Sie dadurch einen kräftigen Neuaustrieb im kommenden Frühjahr.

MEINE PFLANZVORSCHLÄGE
Mini-Kiwi-Wand
Die Mini-Kiwi mag, wie auch die Clematis, einen schattigen Fuß, deshalb ist eine Unterpflanzung nicht nur schön, sondern sogar wichtig. Diese sollte allerdings niedrig bleiben, denn die Ranken und Blüten der Kiwi brauchen pralle Sonne, um optimal zu gedeihen. Mit Erdbeeren, Hornklee

und Campanula ist nicht nur für leckeres Naschobst, sondern auch für reichlich Blüten gesorgt. Der Pflanzkübel sollte ein Volumen von mindestens 60–80 l aufweisen.

Wein-Sichtschutz
Weinreben mögen einen etwas sandigen, nicht zu nassen Boden. Als Begleitpflanzen sind vor allem Kräuter ideal, da sie ähnliche Ansprüche an das Substrat haben. Lediglich Salbei dürfen Sie keinesfalls unterpflanzen, er verträgt sich mit den wenigsten Obstgewächsen. Auch bei dieser Pflanzkombination sollte ein Erdvolumen von mindestens 60–80 l zur Verfügung stehen.

Wein-Sichtschutz
1 1 kleine Weinrebe, zum Beispiel das Edel-Trauben-Stämmchen 'Phönix'
2 1 Zitronen-Thymian (*Thymus × citriodorus*)
3 1 Thymian (*Thymus vulgaris*)
4 1 Hängerosmarin 'Violetta'
5 1 Lavendel

BAUERNGARTENBALKON

Was einen echten Bauerngarten ausmacht? Er ist schön und nützlich zugleich, vielfältig, voller Blumen – und natürlich dürfen Obstbäumchen, Beeren und Kräuter nicht fehlen. Einiges können Sie direkt in die Gefäße der Bäumchen mit einpflanzen.

Bauerngartenfeeling auf dem Balkon – die mittlerweile recht kleinwüchsigen Züchtungen von Apfel, Birne, Zwetschge und Co. machen es möglich! Sowohl bei den kleinwüchsigen Obstsorten wie auch bei den blühenden Pflanzen ist die Auswahl riesig, sodass sich für jeden Geschmack und jede Vorliebe das Passende finden lässt.

Eine Art der Gestaltung ist, möglichst viele kleine und mittelgroße Töpfe, Balkonkästen und Pflanztaschen mit Kräutern, Gemüse und Bauerngartenstauden, Erdbeeren und Salaten zu bepflanzen. Doch gerade die klassischen Bauernobstsorten, also Bäumchen, eignen sich hervorragend zum Unterpflanzen, sofern sie nur in ausreichend großen Pflanzgefäßen untergebracht sind. Das sieht nicht nur schön aus, oft haben die Begleiter auch eine positive Wirkung auf die Obstgehölze. Ich möchte hier nicht auf die Grundlagen der Mischkultur eingehen, das ist ein sehr interessantes, aber weites Feld. Damit Sie ganz einfach loslegen können, finden Sie in diesem Abschnitt einige Pflanzideen für Obstbäumchen mit geeigneter Unterpflanzung, sodass Sie, je nach Platz und Standort, Ihre Lieblingsobstsorten zusammenstellen können.

Wichtig ist, dass die Gefäße ausreichend groß (mindestens 80–100 l Fassungsvermögen) und mit einer Drainageschicht sowie genügend Wasserabzugslöchern ausgestattet sind. Besonders wichtig: Je mehr Pflanzen im Topf sind, desto mehr müssen Sie auf eine ausreichende Nährstoffversorgung mittels Kompostgaben oder anderen organischen Düngern achten.

Sowohl blühende Pflanzen als auch Obstgewächse benötigen in der Regel volle Sonne. Ist Ihr Balkon überdacht, reicht zum Teil auch Halbschatten aus. Werfen die Obstbäumchen selbst Schatten, können Sie bei der Unterpflanzung auf Pflanzen zurückgreifen, die es halbschattig oder schattig mögen, wie etwa Waldmeister.

DIE TOPFGARTEN-WEIDE

Sollten Sie Meerschweinchen oder Zwergkaninchen halten, so können sie unter den Obststämmchen eine Nagerwiese für Ihre Tiere aussäen. Falls Ihre Lieblinge auf dem Balkon Freigang haben, auf jeden Fall die Stämme der Gewächse mit etwas Draht schützen, damit sie nicht angenagt werden. Zum Ernten nutzen Sie einfach eine Schere und schneiden immer nach Bedarf etwas Grünzeug ab. Entsprechendes Saatgut, speziell für eine Kaninchen- oder Meerschweinchenwiese, finden Sie in gut sortierten Gartencentern.

Blühende Obstbäume, duftende Kräuter, romantische Blütenpracht – mit den richtigen Zwergsorten kommt Bauerngartenfeeling auch bei bodenlosen Obstliebhabern auf.

BLÜHPFLANZEN

Ein Bauerngarten ohne Rosen, Rittersporn, Lavendel, Schleierkraut und die farbenfrohen Bartnelken ist für mich einfach undenkbar. Auch Kornblumen, Klatschmohn und Margeriten gehören unbedingt dazu, selbst wenn Letztere sehr anfällig für Läusebefall und Mehltau sind. Da all diese Gewächse sonnenhungrig sind und durchaus etwas höher werden können, gehören sie jedoch in einen eigenen Topf.

Für die Unterpflanzung von Obstbäumchen sind dagegen Sorten geeignet, die gegebenenfalls mit etwas Schatten zurechtkommen, nicht sehr viel höher als 40 cm werden und nicht zu stark wachsen. Andernfalls machen sie dem Obstgehölz zu starke Konkurrenz im Topf. Blühpflanzen, die diese Kriterien erfüllen und gut in einen Topfbauerngarten passen, sind neben Geranien und Elfensporn auch Bellis-Arten (Kulturgänseblümchen) und niedrige Glockenblumen, so wie die Zwerg-Glockenblume (*Campanula cochleariifolia*), Karpaten-Glockenblume (*Campanula carpatica*), die Dalmatiner Glockenblume (*Campanula portenschlagiana*) und die Hängepolster-Glockenblume (*Campanula poscharskyana*). Niedrig bleibende Storchschnabelarten wie der Pyrenäen-Storchschnabel (*Geranium endressii*) oder der Blutrote Storchschnabel (*Geranium sanguineum*), Zwerg-Akelei (*Aquilegia flabellata*), Efeublättriges Alpenveilchen (*Cyclamen hederifolium*), Kaukasus-Vergissmeinnicht (*Brunnera macrophylla*) und verschiedene Helleborus-Arten (Christ-, Schnee- oder Lenzrosen) sind ebenfalls für die Kultur in Töpfen geeignet. Nicht zu vergessen sind auch Veilchen wie Hornveilchen, Duftveilchen, Stiefmütterchen oder der zierliche Frauenmantel (*Alchemilla epipsila*) und der Zwerg-Frauenmantel (*Alchemilla erythropoda*). Kapuzinerkresse zieht Blattläuse auf sich, wuchert allerdings recht stark und neigt dazu, sich über ihre Samen auch in allen anderen Töpfen auszubreiten. Darum die Samenstände rechtzeitig entfernen! Ringelblumen verbessern den Boden und schützen vor Läusen, Tagetes vertreiben Nematoden und Schnecken (→ Seite 97).

Im Frühling, wenn die Bäume noch keine Blätter tragen und genügend Sonnenstrahlen auf den

103

Erdboden fallen lassen, können Sie hübsche Frühlingsblüher wie Winterling und Schneeglöckchen pflanzen. Die Blütenpracht zieht die für die Bestäubung so wichtigen Insekten an.

ZWIEBELPFLANZEN

Grundsätzlich sind auch Zwiebelpflanzen sehr gut zur Unterpflanzung von Obstgewächsen geeignet: Sie brauchen wenig Platz, kommen meist gut mit Halbschatten zurecht und sorgen im Frühling für Farbe. Sind sie verblüht, kommen die sommerlichen Gewächse zum Zuge. Was Substrat, Drainage und Winterschutz betrifft, haben Blumenzwiebeln dieselben Ansprüche wie die Obstgehölze, sodass Sie die Zwiebeln ohne Weiteres ganzjährig

DIE RICHTIGE PFLANZZEIT

Die Pflanzzeit für Blumenzwiebeln ist unterschiedlich. Einige kommen im Herbst in die Erde, andere wiederum kann man gut noch im Frühjahr einpflanzen:

Frühjahrspflanzung (März–Mai):
– Iris
– Freesien
– Anemonen
– Ranunkeln

Herbstpflanzung (September–November):
– Hyazinthen
– Narzissen
– Tulpen
– Krokusse
– Schneeglöckchen
– Winterlinge (*Eranthis*)
– Traubenhyazinthen (*Muscari*)
– kleine Zierlauchsorten wie 'Rosy Dream', 'Cameleon®' oder *Allium roseum*

in den Gefäßen belassen können. Das Laub aber nicht abschneiden, sondern vergilben lassen – die Zwiebeln benötigen diese Zeit, um sich wieder mit Nährstoffen zu versorgen.

Pflanzzeit (→ Info) und Pflanztiefe der einzelnen Sorten ist unterschiedlich, beides ist jedoch zuverlässig auf der Verpackung vermerkt. Als Faustregel gilt: Die Blumenzwiebel doppelt bis dreifach so tief in die Erde stecken, wie sie dick ist. Ausnahme hiervon ist die Tulpe, die unabhängig von der Größe der Zwiebel immer 10 cm tief eingepflanzt wird. Die Abstände zwischen den Zwiebeln sollten bei großen Exemplaren mindestens 8 cm, bei kleinen 2–5 cm betragen. Grundsätzlich ist es jedoch besser, ausdauernde Gewächse als Unterpflanzung zu wählen. Bei häufigem »Umgraben« können die Wurzeln der Obstgehölze Schaden nehmen. Darum sind Geophyten wie Anemonen oder Ranunkeln und mehrjährige Stauden die bessere Wahl.

KRÄUTER

Kräuter verwöhnen nicht nur die Nase und verleihen vielen Gerichten die besondere Würze, sie wirken sich auch in vielfältiger Weise positiv auf die Obstgehölze aus, an deren Fuße sie gedeihen. Melisse beispielsweise stärkt die Pflanzen, Beinwell fördert das Wachstum, Waldmeister und Kamille wirken gegen Nematoden, so wie Knoblauch, Schnittlauch und Schnittknoblauch Pilzkrankheiten und Co. fernhalten sollen.

SALAT

Wer zusätzlich zu Obst und Kräutern auch Gemüse ernten will, kann seine Obstbaumkübel auch für den Anbau von Salatpflanzen nutzen. Pflücksalate eignen sich besonders gut. Diese gedeihen prächtig unter der Schirmherrschaft von Obstbäumchen. Gleiches gilt für die Gartenmelde, deren Blätter sehr gesund sind und ab Mai geerntet werden können.

MEINE PFLANZVORSCHLÄGE

Im Folgenden finden Sie Vorschläge für die Unterpflanzung klassischer »Bauerngarten«-Obstbäumchen. In jede dieser Pflanzkombinationen können Sie die eine oder andere Knoblauchpflanze setzen, denn das hilft, Läuse fernzuhalten.

Säulenapfel

Säulenapfelsorten wie 'Suncats' (→ Seite 54) oder 'Starcats' werden jeweils nur 20–40 cm breit, benötigen jedoch einen Bestäuber. Somit ist auf jeden Fall ein weiteres Apfelbäumchen in der unmittelbaren Nähe erforderlich!
Alternativen zur genannten Unterpflanzung sind

Frühjahrsblüher wie Tulpen, Narzissen und Co., diese können Sie aber auch noch vereinzelt dazwischen setzen. Ein Apfelbäumchen schätzt zudem Märzenbecher in der Nachbarschaft. Nicht zuletzt können Sie natürlich auch Erdbeerpflanzen unter das Bäumchen setzen. Gut geeignet sind die Sorten 'Tubby® Red' und 'Tubby® White' oder auch verschiedene Monatserdbeeren.

Zwergbirne

Ein empfehlenswertes Zwergbirnenbäumchen für die Topfkultur ist die selbstfruchtende Sorte 'Luisa' (→ Seite 56). Alternativ zur genannten Unterpflanzung sorgen einjährige Sommer-

Birne
- ❶ 1 Zwergbirne 'Luisa'
- ❷ 1 Gundelrebe 'Variegata'
- ❸ 1 Hängegeranie

Apfel
- ❶ 1 Säulenapfel 'Suncats'
- ❷ 1 Kapuzinerkresse
- ❸ 1 Schnittlauch
- ❹ 1–2 Duftveilchen

blumen wie Männertreu, Hängeverbenen, kleinwüchsige Margeriten oder die Vanilleblume für
Abwechslung im Topf. Sehr ursprünglich wirkt
auch Löwenzahn, allerdings ist hier Vorsicht
geboten: Wenn Sie die Samenstände der Pflanzen
nicht entfernen, wächst über kurz oder lang überall auf Ihrem Balkon Löwenzahn! Je nach Höhe
des Stammes Ihres Zwergobstbäumchens lassen
sich auch kleine Bodendeckerröschen wie die
Zwergrose 'Pepita' unterpflanzen. Diese wird etwa
40–60 cm hoch. Gemischt mit Lavendel sieht das
sehr hübsch aus. Im Gegensatz zu Lavendel sollten Sie auf keinen Fall Salbei in den Kübel setzen,
das Gleiche gilt für Himbeeren.

Mini-Pflaume & Säulenpflaume

Bei dieser Kombi können Sie zwischen dem
Mini-Pflaumenstämmchen 'Jojo' (→ Seite 58) oder
der Säulenpflaume 'Imperial' (→ Seite 58) wählen,
beide Sorten sind selbstfruchtend. Alternative
Unterpflanzung: Im Frühling freut man sich über
die Ernte von Gartenmelde oder Feldsalat, im
Sommer blüht Lavendel mit der Zwergrose
'Roxy®' um die Wette, die 35–45 cm hoch wird.

Zwerg- & Säulenkirsche

Falls Sie Süßkirschen bevorzugen, sind selbstfruchtende Sorten wie die Zwergkirsche 'Stella
Compact®' oder die Säulenkirsche 'Victoria' eine

Pflaume

1 1 Mini-Pflaumenstämmchen
2 1 Phacelia 'Summertime Blues'
3 1 Ringelblume

Kirsche

1 1 Zwerg- oder Säulenkirsche
2 1 Waldmeister
3 1 Hängepolsterglockenblume
4 1 Walderdbeere 'Tubby® Red'
5 1 Walderdbeere 'Tubby® White'

gute Wahl (→ Seite 64). Für Liebhaber von Sauerkirschen empfehlen sich die Zwergsauerkirsche 'Griotella' oder die etwas höher werdende Säulenkirsche 'Boas'(→ Seite 65). Alternative Unterpflanzung: Kresse, Schnittlauch und Löwenzahn (mit Bedacht!). Gegen die gefürchtete Narren- oder Taschenkrankheit hilft Knoblauch.

Zwerg- & Säulenmirabelle

Während die Zwergmirabelle (Zwergform *Prunus domestica*) einen Befruchter benötigt, zählen die Säulenmirabelle 'Ruby' (→ Seite 58) und 'Mirouge®' zu den selbstfruchtenden Sorten. Alternative Unterpflanzung: Im Frühling unterstreichen

Traubenhyazinthen und die weiße Mini-Narzisse 'Snow Baby' die Wirkung der zartweißen Blüten. Im Sommer passen Zwiebeln, Knoblauch, Senf und Geranie. Mirabellen sollten nicht in unmittelbarer Nähe von Kirschen angepflanzt werden.

Aprikose

Die Säulenaprikose 'Fruttoni® Apricompakt®' ist robust und liefert saftige Früchte. Für den Frühling vielleicht noch *Allium roseum* und ein paar kleine Tulpen dazusetzen. Alternative Unterpflanzung: Pfefferminze, Melisse, Kapuzinerkresse, Ringelblume, Vergissmeinnicht, Männertreu. Salbei als Unterpflanzung ist tabu.

Aprikose
1. 1 Säulenaprikose 'Golden Sun'
2. 1 Frauenmantel
3. 1 Storchschnabel
4. 1 Walderdbeere 'Tubby® White'

Mirabelle
1. 1 Säulenmirabelle
2. 1 Vergissmeinnicht
3. 1–2 Gänseblümchen
4. 1 Hängeerdbeere 'Parfum® Freejumper®'

SÜSSE FRÜCHTCHEN

Beerenobst ist der Allrounder für Balkon und Terrasse: Die Auswahl ist groß, die Pflege einfach, der Platzbedarf überschaubar und einige Vertreter kommen auch mit Halbschatten zurecht. Das schafft viel Spielraum zum Gestalten und Kombinieren.

Beerenobst ist wie dafür geschaffen, Balkon oder Terrasse in ein Naschparadies zu verwandeln. Die Pflänzchen sind inzwischen in vielen verschiedenen Größen und Formen erhältlich, sodass für jede örtliche Gegebenheit eine passende Lösung gefunden werden kann. Noch dazu bringen viele Sorten selbst an halbschattigen Standorten reiche Frucht hervor. Da Beeren grundsätzlich selbstfruchtend sind, entfällt die Anschaffung einer Befruchtersorte, das schafft Platz für die Unterbringung mehrerer unterschiedlicher Arten. Nicht zuletzt stellen Beerensträucher wenig Ansprüche an Substrat (→ Seite 67) und Pflege (→ Seite 48) und bringen dennoch eine üppige Ernte. Und wer könnte schon den leckeren, süßen und dabei noch vitaminreichen Power-Beeren widerstehen?

BEERENGEWÄCHSE KOMBINIEREN

Ob Strauch, Halb- oder Hochstämmchen – Beerensträucher gibt es in vielen attraktiven Formen, sodass sie durchaus auch solitär in Töpfen und Kübeln etwas hermachen. Andererseits lassen sie sich dank der Züchtung kleinwüchsiger Sorten mit einer Endhöhe von 60–70 cm auch wunderbar mit einem Obstbaum-Hochstämmchen kombinieren. Vorausgesetzt, das Pflanzgefäß ist groß genug! Bei zwei Obstgewächsen in einem Gefäß sollte der Behälter mindesten 100 l Fassungsvermögen haben, damit sich die Wurzeln gut entwi-

ckeln können. Durch die Kombination mit anderen Obstgewächsen ergibt sich die Möglichkeit, zwei oder mehrere Sorten einer Art zu pflanzen. Auch wenn Beerenobst selbstfruchtend ist, erhöht ein Partner dennoch die Ernteerfolge. Dazwischen noch ein paar Blumen oder flache Bodendecker gepflanzt, schon sieht der Kübel wirklich schön aus. Doch bitte nicht zu dicht pflanzen! Auch wenn ein Strauch nur 60–70 cm hoch wird, so braucht er dennoch etwas Platz in die Breite ... Da der Artenreichtum groß und die Kombinationsmöglichkeiten vielfältig sind, finden Sie in diesem Abschnitt gleich mehrere Pflanzvorschläge. Damit Sie aber auch selbst kreativ werden können, hier noch ein paar Infos, welche Beeren mit welchen Begleitpflanzen harmonieren.

Gute Himbeer- und Brombeerpartner

Ist der Kübel groß genug, kann man Himbeeren und Brombeeren durchaus zusammen in ein Gefäß pflanzen. Ansonsten lassen sich Himbeeren wie Brombeeren sehr gut mit verschiedenen Veilchen, aber auch mit Knoblauch kombinieren. Niedrige Duftwicken oder Vergissmeinnicht passen ebenfalls prima und können direkt ausgesät werden. Die Aussaat einer niedrig wachsenden Insekten- oder Bienenwiese unter dem Gehölz wirkt nicht nur naturnah und attraktiv, sondern unterstützt zusätzlich die wichtigen Bestäuber.

Begleiter für Johannis- und Stachelbeeren

Johannisbeeren lieben Stachel- und Jostabeeren in ihrer Nachbarschaft. Nur gut, wenn Sie Platz für zwei bis drei Kübel mit Beerensträuchern haben! Wer Hoch- oder Halbstämmchen für diese Beerensorten wählt, kann den unteren Bereich mit kleinwüchsigen Obstsorten oder Blumen unterpflanzen. Sehr gut dafür geeignet sind beispielsweise Hängehimbeeren oder -brombeeren. Statt aus der Hängeampel hängen ihre Ranken dekorativ über den Topfrand herab. Aber auch Salatpflanzen und verschiedene Kräuter wirken überaus dekorativ und erlauben eine zusätzliche Ernte. Wer lieber auf schöne Blühpflanzen setzt, der kann neben Ringelblumen noch zwischen vielen anderen niedrig wachsenden Einjährigen oder Stauden wählen. Schnittlauch und Duftwicken tragen zur Vitalität von Beerenobst bei.

Gute Moorbeetpartner

Heidegewächse benötigen ein saures Substrat und suchen bei der Kombination in Kübeln und Töpfen nach ihresgleichen. Kein Problem! Inzwischen gibt es Heidelbeer-Hochstämmchen, die sich geradezu optimal für eine Unterpflanzung anbieten. Möglich wäre beispielsweise, dass Sie das Hochstämmchen mit ein oder zwei kleinwüchsigen Heidelbeersträuchern oder Waldheidelbeeren kombinieren (30–40 cm Endhöhe). Das sieht nicht nur hübsch aus, sondern bringt auch Vorteile: Denn zum einen steigern unterschiedliche Heidelbeersorten die Ernteerträge, zum anderen können Sie bei entsprechender Wahl der Sorten die Erntezeit verlängern. Preiselbeeren und Cranberrys zählen ebenfalls zu den Heidegewächsen und damit zu den passenden Partnern.
Bitte beachten Sie jedoch, dass pro Topfballen, den Sie einpflanzen, mindestens das Doppelte an Volumen im Kübel benötigt wird, damit die Pflanzen genügend Platz für neue Wurzeln haben und sich unter der Erde gut entwickeln können.

Sollte zwischen den Beerensträuchern aber noch Platz vorhanden sein, können Sie die Lücken mit Wald- oder Monatserdbeeren füllen, da diese auch mit sauren Bodenverhältnissen und etwas weniger Sonne klarkommen. Alternativ bieten sich ein paar Zwiebeln von Schneeglöckchen oder anderen Frühlingsblühern an, die sich zur Blütezeit zwischen den Heidelbeersträuchern wirklich hübsch machen. Und ja, auch Heidekrautgewächse sind, sofern sie klein bleiben, eine passende Unterpflanzung, ebenso die kleinen Hornveilchen, die es zum Frühjahr hin in allen Farben zu kaufen gibt. Farblich auf die Heidelbeergewächse abgestimmt, sehen solche Kombinationen einfach wunderschön aus.

QUATTRO-HIMBEERE

Eine gute Lösung für alle Topfgärtner mit sehr wenig Platz sind Pflanzen, die zu mehreren Sorten in einem Topf geliefert werden. So auch der Himbeer-Quartett-Busch 'Schwarz-Rot-Gold'. Mit den Sorten 'Black Jewel' (schwarze Sommerhimbeere), 'Schönemann' (rote Sommerhimbeere), 'HimboTop®' (rote Herbsthimbeere) und 'Goldfrucht' (gelbe Herbsthimbeere) können Sie vier unterschiedliche Himbeersorten an nur einem Strauch ernten und sich über eine besonders lange Erntezeit freuen, die von Juli bis in den Oktober reicht. Bei entsprechend großem Kübel sind zusätzlich Erdbeeren als Unterpflanzung möglich. Mit 140 cm Wuchshöhe ist die Quattro-Himbeere eine durchaus attraktive Solitärpflanze und wird vor allem dann zur Augenweide, wenn die reifen Früchte in unterschiedlichen Farben den Strauch zieren.

Eine überaus attraktive Farbkombination ergibt sich auch durch die gemeinschaftliche Pflanzung von Heidelbeeren (dunkelblau) und der Hängepolsterglockenblume (helllila; → Seite 113). Letztere ist recht anspruchslos und wächst auch in einem leicht sauren Boden ohne Probleme.

MEINE PFLANZVORSCHLÄGE

Sonnenanbeter-Beerenbalkon

Himbeeren sind selbstfruchtend, der Ertrag steigt jedoch bei mehreren Sträuchern. Dann sollte das Gefäß aber mindestens 80–100 l Volumen haben.

- **Gefäß 1:** *Einer dornenlosen Herbsthimbeere wie der Zwerghimbeere Lowberry® 'Little Sweet Sister®' (→ Seite 70) oder der Topfhimbeere 'Summer Lovers® Patio Red' (→ Seite 70) stehen Vergissmeinnicht und Veilchen gut zu Gesicht.*

- **Gefäß 2:** *Ein kontrastreiches Farbspiel ergibt sich, wenn Sie ein Halbstämmchen der Schwarzen Johannisbeere 'Titania®' (→ Seite 74) mit Wermut (schützt gegen Säulenrost) und Kapuzinerkresse (Samen nach der Blüte entfernen, ansonsten wächst sie bald überall) kombinieren. Sanfter in der farblichen Abstufung gestaltet sich eine Unterpflanzung mit zwei Exemplaren der Hängepolsterglockenblume Campanula poscharskyana (helllila); gerade unter einem Hochstämmchen kommt diese Pflanze so richtig zur Geltung.*

Sonnenanbeter-Balkon

Gefäß 1:
- ❶ 1 Zwerghimbeere Lowberry® 'Little Sweet Sisters'
- ❷ 1 Vergissmeinnicht
- ❸ 2 Veilchen

Gefäß 2:
- ❹ 1 Schwarze Johannisbeere 'Titania®' als Halbstamm
- ❺ 1 Wermut
- ❻ 1 Kapuzinerkresse

Halbschatten-Beerenbalkon

- *Gefäß 1: Stachelbeere mit Duftwicke – eine tolle Kombination. Ich empfehle insbesondere ein Hochstämmchen der Stachelbeere 'Spinefree' mit einer Stammhöhe von 80–90 cm und hellroten, mild-säuerlichen und überaus aromatischen Beeren (→ Seite 76). Ich selbst habe diese Sorte auf meinem Balkon und bin begeistert. Als Unterpflanzung lassen sich kleinwüchsige Duftwicken direkt in den Topf aussäen. Alternativ können Sie sich aber auch für 'Duftende Blüten' entscheiden, eine Samenmischung einjähriger Blühpflanzen, die mit ihrem überreichen Blütenflor Schmetterlinge und Insekten anziehen.*

- *Gefäß 2: Eine Jostabeere (→ Seite 76) als Fußstamm kombiniert mit einem Schnittlauch und ein bis zwei Pflanzen (je nach Größe des Kübels) der Hängepolsterglockenblume Campanula poscharskyana ist gleichfalls eine sehr schöne Kombination. Wer Insekten eine Freude machen will, sät eine niedrigwachsende Wildblumenmischung unter der Jostabeere an. Sehr ansprechend ist auch die Kombination mit Gänseblümchen, Duftveilchen und Hornveilchen.*

Moorbeet-Beerenbalkon

Wenn schon Extra-Erde und -Dünger, warum dann nicht gleich mehrere Pflanztöpfe mit

Halbschatten-Beerenbalkon

Gefäß 1:

1 1 Stachelbeere 'Spinefree' als Hochstamm

2 1 kleinwüchsige Duftwicke

Gefäß 2:

3 1 Jostabeere als Fußstamm

4 1 Schnittlauch, weißblühend

5 1–2 Hängepolsterglockenblumen

Liebhabern saurer Substrate gestalten? Auch bei den nachfolgenden Vorschlägen zur Bepflanzung von Kübeln sollte das Gefäß ein Volumen von mindestens 80–100 l aufweisen. Allerdings sind die insgesamt kleinwüchsigeren Vertreter der Heidegewächse wie dafür geschaffen, um damit auch einen Balkonkasten ansprechend und reich an leckeren Beeren zu gestalten. Dieser sollte eine Länge von mindestens 80 cm, besser noch 100 cm haben und mindestens 20 cm breit sein.

- *Gefäß 1: Die Azoren-Heidelbeere 'Blautropf®' (Endhöhe 50–70 cm; → Seite 80), unterpflanzt mit einer Japanischen Azalee (zum Beispiel 'Diamant Weiß', Endhöhe 30–40 cm) und einer helllila Hängepolsterglockenblume Campanula poscharskyana, wird garantiert zu einem richtigen Hingucker auf Ihrem Balkon.*
- *Gefäß 2: Den Fuß der Aroma-Heidelbeere 'Bluecrop' als Hochstämmchen (Stammhöhe 60–80 cm; → Seite 80) umrankt ein Exemplar der Cranberry 'Red Balloon' (→ Seite 79), die gerade einmal 15–20 cm hoch wird und bodendeckerartig wächst. Die ideale Unterpflanzung! Als Lückenfüller bieten sich ein paar Schneeglöckchen oder Anemonen an, die im Frühjahr für willkommene Blüten sorgen.*

Moorbeet-Beerenbalkon

Gefäß 1:

- ❶ 1 Azoren-Heidelbeere 'Blautropf®'
- ❷ 1 Japanische Azalee 'Diamant Weiß'
- ❸ 1 Hängepolsterglockenblume

Balkonkasten 1:

- ❹ 2 Preiselbeeren 'Red Pearl'
- ❺ 1 Heidekraut (in Weiß oder Rosa)
- ❻ 1 Frühlings-Gedenkemein

Gefäß 2:

- ❼ 1 Aroma-Heidelbeere 'Bluecrop' als Hochstamm
- ❽ 1 Cranberry 'Red Balloon'

Balkonkasten 2:

- ❾ 2 Waldheidelbeeren 'Sylvana'
- ❿ 1 Hornveilchen (in Lila)

- *Balkonkasten 1:* Je nach gewählter Kastenlänge passen zwei bis drei Pflanzen der Preiselbeere 'Red Pearl' (→ Seite 79) hinein, die mit 20–30 cm Wuchshöhe klein bleiben. Heidekraut oder Frühlings-Gedenkemein passen gut dazwischen.
- *Balkonkasten 2:* Je nach Kastengröße etwa zwei bis drei Waldheidelbeeren 'Sylvana' (→ Seite 80) teilen sich den Platz mit Hornveilchen oder Duftveilchen.

IMMER EINE GUTE WAHL

Sie wurde schon mehrfach genannt und soll darum an dieser Stelle kurz vorgestellt werden: Eine wunderschön blühende, rankende Polsterstaude ist die Hängepolsterglockenblume *Campanula poscharskyana* mit helllila Blüten, die zu den absoluten Lieblingsblumen auf meinem Balkon gehört. Als Unterpflanzung von Beerenstämmchen oder Obstsäulen beschert Ihnen dieses bodendeckerartig wachsende Blühwunder von Jahr zu Jahr eine immer reichlicher werdende Blütenpracht. Überdies ist sie eine viel besuchte Bienen- und Insektenweide, die problemlos den Winter übersteht.

Die Pflanze ist anspruchslos und wächst überall dort, wo sie etwas Sonne abbekommt. Sie lässt sich auch gut aussäen.

Die Pflege gestaltet sich ebenfalls denkbar einfach: Verblühtes sollten Sie regelmäßig ausschneiden, dann setzt die Pflanze immer wieder neue Blüten an. Ein Rückschnitt auf bis zu 10 cm über der Erdoberfläche im späten Herbst fördert den Neuaustrieb im darauffolgenden Frühjahr. Je nach Härte des Winters freut sich die Pflanze über eine Abdeckung mit Stroh (→ Seite 148).

Kleiner Hinweis: Schreiben Sie sich den botanischen Namen auf, denn es gibt nahe Verwandte, die aber längst nicht so üppig wachsen oder nur einjährig sind. Sie finden die Hängepolsterglockenblume in gut sortierten Gartencentern, zumeist in den Monaten März/April.

TIPPS AUS DER BEERENKÜCHE

Aufgesetzter

Sie benötigen eine leere Glasflasche mit einem Twist-off-Deckel oder Schraubverschluss und einer breiten Öffnung, das erleichtert später das Abgießen. Füllen Sie die Flasche zu einem Drittel mit gewaschenen Früchten (Schwarze Johannisbeeren, Heidelbeeren, Sauerkirschen, Brombeeren, Jostabeeren), zu einem weiteren Drittel mit braunem Kandiszucker und füllen Sie den Rest mit 38%-igem Korn auf. Wer mag, gibt noch ein Stückchen aufgeschnittene Vanilleschote hinzu. Dann die Flasche verschließen und drei bis vier Monate an einem dunklen, kühlen Ort aufbewahren. Dabei hin und wieder ein wenig schütteln, sodass sich der Inhalt gut vermischt. Vor dem ersten Schlückchen die Flüssigkeit durch ein Sieb abgießen. Schmeckt pur als Likör, aber auch aufgefüllt mit Sekt.

Himbeer-Sorbet

50 g Zucker mit 100 ml Wasser aufkochen und ca. 5 Min. köcheln lassen, bis die Masse etwa zur Hälfte eingekocht ist. Den Sirup etwas abkühlen lassen. In der Zwischenzeit 250 g Himbeeren waschen, trocken tupfen und mit 1 EL Zitronensaft pürieren. Das Fruchtpüree nach und nach mit dem abgekühlten Sirup vermischen, dann alles durch ein Sieb passieren, um die Kerne zu entfernen. Das Sorbet in vier kleine Schälchen oder Espressotassen verteilen und mindestens 4 Std. in das Tiefkühlgerät geben. Zwischendurch hin und wieder umrühren, damit die Masse nicht ganz so fest wird. Zum Servieren das Sorbet mit Minzeblättchen und frischen Himbeeren garnieren und sofort genießen.

POWERSTOFFE
aus dem Topfgarten

Sie achten darauf, sich nicht nur lecker, sondern auch gesund zu ernähren? Mit Cityobst reift Ihre tägliche Vitaminportion auch in der Stadt direkt vor Ihrer Nase. Obendrein haben manche Früchte noch weit mehr als Vitamine zu bieten ...

———

Superfood – ein Marketingbegriff, der momentan in aller Munde ist: Ob es tatsächlich solche Wunder-Nahrungsmittel gibt, was dazuzählt und wie viel man davon essen müsste, darüber lässt sich streiten. Dass Gemüse und Obst zu einer gesunden Ernährung beiträgt, und zwar je frischer, desto besser, und dass es Früchte gibt, die ganz besonders viele Vitamine und andere wertvolle Inhaltsstoffe enthalten, steht jedoch fest.

KLEINE FRÜCHTE, GROSSE WIRKUNG

Was macht ein Lebensmittel zu Superfood? Es enthält eine große Menge bestimmter Nährstoffe oder Wirkstoffe, ist vollwertig, möglichst naturbelassen und wurde bestenfalls biologisch angebaut.

Äußerst gesund und dekorativ: Die Goji-Beere ist nicht umsonst in aller Munde. Glücklicherweise schmeckt sie getrocknet süßer als frisch vom Strauch.

Naturbelassen und biologisch angebaut? Mit diesen Vorzügen kann Ihr Topfgarten punkten! Fragt sich nur, welche Obstsorten denn dann besonders reich an wertvollen Wirkstoffen sind?

Dass Zitrusfrüchte uns reichlich mit Vitamin C versorgen, ist hinlänglich bekannt. Ebenso, dass Blaubeeren, Himbeeren, Erdbeeren, Brombeeren und Stachelbeeren nicht nur viele Vitamine und Mineralien liefern, sondern auch Antioxidantien, die den Stoffwechsel und das Immunsystem unterstützen. Beides, Zitrusbäumchen (→ Seite 86) und Beerenobst (→ Seite 108), lässt sich prima auf dem Balkon unterbringen. Zu sogenanntem Superfood zählen vor allem aber auch wilde Pflanzen, deren Früchte zwar gesund sind, aber einen sauren oder bitteren Geschmack haben und darum bislang weniger Anklang beim Verbraucher fanden. Vorteil ist, dass diese Pflanzen züchterisch nur wenig oder gar nicht verändert wurden, der Nachteil, dass es dementsprechend nur wenige kleinwüchsige Sorten gibt, die sich zum Anbau auf Balkon oder Terrasse eignen.

In diesem Abschnitt möchte ich Ihnen deshalb Anregungen für einige ganz kleine sowie etwas größere Projekte in Ihrem Topfgarten geben. In jedem Fall kommen Superfood-Fans und Liebhaber von gesunder Ernährung auf ihre Kosten!

Die Pointilla Fruithunters® 'Cherrific' (Ölweide) beschenkt uns im Frühsommer mit vitaminreichen, frisch süßsäuerlichen Früchten, ihre bezaubernden Blüten im April sind eine echte Bienenweide.

Goji-Beeren

Die kleinen korallenroten Früchte des Gemeinen oder Chinesischen Bocksdorns enthalten neben Aminosäuren, Vitamin C, Mineralstoffen und Spurenelementen auch Carotinoide, Polyphenole, bioaktive Substanzen, essenzielle Fettsäuren und viele andere wichtige Stoffe, weshalb sie die Bezeichnung Superfood durchaus zu Recht tragen. In ihrer Heimat China werden sie als Beeren des Glücks bezeichnet, deren regelmäßiger Verzehr Wohlbefinden und ein langes Leben bringen soll. Da die frischen Früchte geschmacklich frühreifen Tomaten ähneln, sind sie gut als Zugabe in Salaten zu verwenden. Weiterhin lassen sie sich zu Marmelade verarbeiten und geben Kräutertees eine erfrischende Note. Getrocknete Goji-Beeren sind wesentlich süßer als die Beeren, die frisch vom Strauch geerntet werden.

Pointilla-Beeren

Seinen Namen verdankt der Beerenstrauch den kleinen hellen Pünktchen, die beim aufmerksamen Hinsehen auf den Beeren zu entdecken sind. Die orangeroten Früchte mit angenehm süßsäuerlichem Geschmack können als eine der wenigen Wildbeeren direkt vom Strauch gepflückt und gegessen werden. Außer zum Frischverzehr eignen sie sich auch prima als Kuchenbelag und zur Herstellung von Marmelade.

Holunder

Schon seit der Antike weiß man die schweißtreibende und fiebersenkende Wirkung des Holunderbeersafts zu schätzen. Der hohe Gehalt an Vitamin A und B-Vitaminen tut sein Übriges, weshalb man dem Holunder viele gesundheitsfördernde Wirkungen zuspricht. Für den Balkon ist die Säulenform empfehlenswert, da die normalen Sträucher ein beachtliches Ausmaß erreichen.

Sanddorn

Die Früchte des Sanddorns hat vor allem ihr Reichtum an Vitamin C (260 mg/100 g) bekannt gemacht. Dieser ist höher als der einer Zitrone, lediglich Hagebutten können hier noch mithalten. Die rotgoldenen Früchte verwöhnen zudem mit wertvollen Mineralien wie Kalzium, Kalium, Magnesium, Eisen oder Zink, dazu mit Provitamin A (Beta-Carotin) und den Vitaminen B1, B2, E und K. Der natürliche Gehalt an ungesättigten Fettsäuren ist dafür zuständig, dass die fettlöslichen Vitamine optimal vom Körper aufgenommen werden können. Neben der antioxidativen Wirkung (Neutralisierung aggressiver Sauerstoffverbindungen, sogenannter freier Radikale) schreibt man den Früchten auch stärkende Wirkung auf das Immunsystem zu.

Die Beeren kann man zwar roh essen, doch sie sind extrem sauer, und das ist nicht jedermanns Sache. Darum werden sie zumeist zur Saftgewinnung verwendet oder um Kompott, Marmelade oder Gelee daraus herzustellen.

Andenbeere (Physalis)

Die intensiv orangefarbenen Früchte, die sich in den Lampions der Andenbeere oder auch Kapstachelbeere bilden, sind erst in vollreifem Zustand essbar, vorher sogar giftig! Sie werden so groß wie Cocktailtomaten, haben einen süßsäuerlichen Geschmack und sind insbesondere reich an Vitamin C, B1 und B6 sowie Eisen. Außerdem sollen sie sich positiv auf die Blutfettwerte auswirken. Frisch vom Strauch geerntet können Sie am meisten von den wertvollen Inhaltsstoffen der Frucht profitieren. Sie schmeckt in Obstsalaten, Joghurt oder zum Müsli, aber auch getrocknet oder als Marmelade findet sie immer mehr Liebhaber.

Andenbeere mit Kräutern

1. 1 Andenbeere
2. 1 Hängepolsterglockenblume
3. 1 Tulsi (Indisches Basilikum)
4. 1 Walderdbeere 'Tubby® Red'

POWER AUS DEM MOORBEET

Heidelbeeren enthalten viele gesunde Inhaltsstoffe. Neben zahlreichen Ballaststoffen liefen sie
die Vitamine A, C und E, dazu wichtige Mineralien wie Eisen, Magnesium, Kalium und Kalzium.
Zudem sind Heidelbeeren wie auch Cranberrys
reich an gesundheitsfördernden sekundären
Pflanzenstoffen. Beide Arten können zusammen
in einen Topf gesetzt (→ Seite 112) oder aber mit
besonderen Kräutern kombiniert werden, wie
etwa der Gemeinen Schafgarbe (*Achillea mille-
folium,* bis 90 cm hoch), der Gelben Teeschaf-
garbe (Macelão, *Achillea ageratum,* bis 50 cm
hoch) oder *Arnika montana.*

EINE GANZ BESONDERE FRUCHT

Pomelo-Freunde werden erfreut sein, denn seit
einiger Zeit gibt es mit der Sorte Pomelo 'Citrus
grandis' (→ Seite 87) geballte Zitrus-Power für
Balkon und Terrasse. Frisch vom Baum geerntet
übertrifft der fruchtig-frische Geschmack bei
Weitem den der bisweilen im Supermarkt angebotenen Exemplare. Pomelo-Liebhaber sollten
von daher einen Versuch im Topfgarten wagen!
Voraussetzungen sind ein vollsonniger Standort
und ein Winterquartier mit Temperaturen von
8–15 °C, denn der Pomelo ist nicht frosthart. Der
Pflanzkübel sollte mindestens 25 l fassen. Unter
günstigen Bedingungen können die birnenförmi-
gen Früchte, die mit einem grapefruitähnlichen,
aber deutlich milderen Geschmack überraschen,
ein Gewicht von 0,5–2,5 kg erreichen. Doch die
Früchte sind nicht der einzige Vorzug dieser
Obstart. Das kleine Bäumchen mit seinen stattli-
chen, dreieckig geflügelten Blättern ist auch so ein
Hingucker auf jedem Balkon, zumal zur Blütezeit,
wenn die wulstigen Blüten nicht nur das Auge,
sondern auch die Nase mit ihrem betörenden
Duft erfreuen. Die Pflanzzeit reicht vom Frühjahr
bis in den September, keinesfalls dürfen Sie das
Bäumchen während der Ruhephase im Winter

einpflanzen oder umtopfen. Ansonsten freut sich
der Pomelo, wenn er alle zwei bis drei Jahre in ca.
5 cm weitere Töpfe umgesetzt wird. Als Substrat
ist eine hochwertige Erde notwendig.

MEIN PFLANZVORSCHLAG

Neben Beerenobst (→ Seite 108) ist auch die
Andenbeere für die Kultur in Töpfen geeignet,
deren Früchte gleichfalls zu den Superfoods ge-
zählt werden. Die Andenbeere gehört zu den
Nachtschattengewächsen und sollte darum nicht
mit anderen Vertretern dieser Art kombiniert
werden, Auberginen und Tomaten scheiden also
beispielsweise aus. Geeignete Pflanzpartner, die
obendrein den Kübel durch reichhaltigen und
lang anhaltenden Blütenflor aufhübschen, sind
Glockenblumen, Astern oder Chrysanthemen.

SUPERFOOD-BEGLEITKRÄUTER

Die folgenden Kräuter eignen sich einzeln
oder gemischt für wohltuende Kräutertees.
Lassen Sie sich inspirieren und wählen Sie
nach Geschmack aus. Sie können die Aroma-
wunder einzeln in kleine Töpfe, Blumenkästen
oder Pflanztaschen setzen oder aber auch
Obstbäumchen damit unterpflanzen:

– Zitronenverbene

– Orangenverbene

– Aztekisches Süßkraut (toll zum Süßen,
  attraktive Ampelpflanze)

– Melisse

– Mädesüß

– Jiaogulan (Unsterblichkeitskraut)

– Aloe vera

– Gotu Kola (Indischer Wassernabel)

– Tulsi (Indisches Basilikum)

– Gewürztagetes 'Orange Gem'

Zitruspflanzen auf Sommerurlaub zaubern mediterranes Feeling auf Balkon und Terrasse. Wenn Sie keinen Ort zur Überwinterung haben, versuchen Sie es besser mit winterharten Alternativen zu Zitrusobst.

MEDITERRANES FEELING

Ob als schöne Erinnerung an vergangene Urlaubstage oder als Ersatz für geplatzte Reisepläne – Zitrusfrüchte, Olivenbäumchen und Co. sorgen für mediterranes Flair auf Balkon oder Terrasse und lassen Urlaubsfeeling pur aufkommen!

KLASSISCH MIT ZITRUSOBST & CO.

Wintergarten und Balkon – für Liebhaber von Zitrus- und Olivenbäumchen wäre das die ideale Kombination. Denn so kann man die wärmeliebenden Pflanzen im Winter in einem hellen, nicht zu kühlen Quartier unterbringen, um sie dann ab dem späten Frühjahr einfach nach draußen in die Sommerfrische zu rollen – sofern Sie Topf oder Kübel auf einem fahrbaren Untersetzer platziert haben. Alternativ bieten sich helle Kellerräume, frostfreie Garagen oder auch helle Treppenhäuser für die Überwinterung an. Neben Klassikern wie Orangen-, Zitronen- und Mandarinenbäumchen

oder Oliven kommen Topfgärtner auch mit weniger bekannten Sorten wie zum Beispiel der Bunten Caviar-Limette 'CaviLime©' oder dem Granatapfel voll auf ihre Kosten (→ Seite 85). Das reichhaltige Angebot ist nur zu verlockend, doch bedenken Sie dabei, dass Ihre Pfleglinge viele Jahre alt werden können und mit der Zeit immer größere Kübel brauchen. Dazu die Unterbringung im Winter – wer sich nicht irgendwann von liebgewordenen Pflanzen trennen will, sollte von Anfang an Maß halten. Außerdem bleibt dann noch genügend Platz für Begleitpflanzen, die den Gesamteindruck erst perfekt machen.

WINTERHARTE SÜDLÄNDER

Mit Feigenbaum (→ seite 85) und Topf-Mandel (→ Seite 60) können Sie auch ohne Wintergarten einen mediterranen Topfobstgarten gestalten. Beide sind zuverlässig winterhart. Gleiches gilt für Aprikosen (→ Seite 60), Nektarinen (→ Seite 61) und Pfirsiche (→ Seite 62), ebenfalls typische Südeuropäer. Alternativ lässt sich ein Kübel mit einer kleinwüchsigen Weinrebe und Mittelmeerkräutern (→ Seite 101) bepflanzen.

EINJÄHRIGE PFLANZEN

Bei »mediterranem Topfgarten« denkt jeder sogleich an Zitronenbäumchen und Oliven, dicht gefolgt von südlichen Kräutern wie Basilikum, Rosmarin, Thymian oder Majoran. Damit sind die Möglcihkeiten aber bei Weitem noch nicht ausgeschöpft: Wie wäre es zum Beispiel mit einer Mini-Wassermelone 'Mini-Love' oder der Melonenbirne 'Sugar Gold'® (→ Seite 84), die nicht nur optisch, sondern auch geschmacklich den sonnigen Süden nach Hause holen? Hier gibt es mittlerweile auch kleine Sorten, die sich gut in Pflanzgefäßen unterbringen lassen, solange Sie nur einen Quadratmeter Raum für sie reservieren und ein Klettergerüst anbieten können.

MEDITERRANE BEGLEITPFLANZEN

Aloe vera

Zugegeben – auch wenn die Echte Aloe (*Aloe vera Barbadensis Miller*) nicht gerade ein Obstgehölz ist, möchte ich sie an dieser Stelle doch als passende Begleitpflanze zu Zitruspflanzen und Co. erwähnen. Das Liliengewächs, wegen des natürlichen Vorkommens in Wüsten auch Wüstenlilie genannt, ist in der Karibik, in Indien, Mexiko und im ganzen Mittelmeerraum beheimatet. Aloe vera besitzt schwertförmige, dickfleischige Blätter, welche rosettenartig angeordnet sind und bis zu 50 cm lang, manchmal auch bis zu 10 cm breit werden können. Die Blüten weisen eine orangene Farbe auf. Die anspruchslose Pflanze setzt auf einem mediterranen Balkon zwischen all den anderen Gewächsen exotische Akzente und kann sich im Laufe der Jahre zu einem wahren Prachtexemplar entwickeln. So wie bei einem guten Bekannten von mir, der mich hin und wieder mit ein paar der begehrten Blätter versorgt. Denn auf meinem Balkon fühlt sich die Aloe vera nicht recht heimisch, weil zu wenig Sonne vorhanden ist – aber ich habe mir erneut eine Pflanze angeschafft und probiere es noch einmal aus!

Aloe vera benötigt also ihrer Herkunft gemäß einen vollsonnigen Standort, dazu ein mit Sand vermischtes Pflanzsubstrat und nur sehr wenig

ALOE-VERA-GESICHTSMASKE

Blass, müde, zerknittert? Höchste Zeit, Ihrer Gesichtshaut den ultimativen Frische-Kick zu verpassen. Das Gel der Aloe-vera-Blätter enthält mehr als 250 Vital- und Nährstoffe mit entzündungshemmender, straffender und feuchtigkeitsbindender Wirkung!

Zutaten
1 fingerlanges Blattstück Aloe vera
1 TL Honig
1 TL Quark

Zubereitung
Entnehmen Sie dem Aloe-vera-Blatt das Blattmark, wie im Text (→ Seite 120) beschrieben. Das Gel mit Honig und Quark vermischen, bis eine cremeartige Konsistenz erreicht ist.

Anwendung
Die Maske gut deckend auf die Gesichtshaut auftragen und 20 Min. einwirken lassen. Mit reichlich kaltem Wasser abspülen.

bis gar keinen Dünger. Eine Aloe vera sollten Sie immer einzeln ohne Unterpflanzung in einen Kübel setzen, denn sie neigt dazu, sich unter günstigen Bedingungen exorbitant auszudehnen und zahlreiche Ableger zu bilden, die nach und nach aus der Erde kommen und Platz benötigen. Aufgrund der wundheilungsfördernden Wirkung ihres Blattmarks wird die Aloe auch als Erste-Hilfe-Pflanze bezeichnet. Ich selbst nutze das gel-artige Blattinnere schon seit etlichen Jahren zur Behandlung leichter Verbrennungen, von Sonnenbrand, Insektenstichen, Schürfwunden oder Verstauchungen. Selbst bei Schnittwunden habe

ich sehr gute Erfahrungen gemacht: Sobald das kühlende Gel aufgelegt wird (brennt zwar ein klein wenig), verschließt sich die Wunde sofort und die Blutungen stagnieren. Im medizinischen Bereich wird das Gel bei Operationswunden sowie zur Vermeidung von Wulstnarben eingesetzt, Heilpraktiker verwenden es therapiebegleitend bei Sportverletzungen und Knochenbrüchen. Wenn Sie das Blattmark verwenden möchten, so trennen Sie vorsichtig im unteren Bereich der Pflanze möglichst nah am Stamm ein Blatt ab. Stellen Sie es dann einige Minuten lang mit der Schnittfläche auf ein Blatt Küchenpapier, bis der

Melonen-Balkon

Balkonkästen:
1 1 Lavendel
2 1 Hängerosmarin
3 1 Oregano
4 1 Basilikum

Gefäß 1:
5 1 Mini-Wassermelone 'Mini Love'

Gefäß 2:
6 1 Aloe vera

Gefäß 3:
7 1 Pfirsichbäumchen
8 2 Walderdbeeren 'Tubby® Red'
9 1 Walderdbeere 'Tubby® White'
10 1 Hängepolsterglockenblume

gelbliche Saft weitestgehend abgetropft ist. Das darin enthaltene Alloin kann hautreizend wirken. Als Nächstes entfernen Sie die stacheligen Seitenränder und wischen den austretenden Saft abermals mit Küchenpapier ab. Zuletzt die harte Schale an der Blattober- und -unterseite entfernen, bis nur noch das gelartige Blattmark übrig bleibt. Noch einfacher geht es, wenn Sie das Batt mit einem scharfen Messer halbieren und das Blattinnere direkt der Wunde auflegen. Allerdings lassen sich dabei übrig gebliebene Reste nicht so gut aufbewahren. Im Kühlschrank sind in Frischhaltefolie gewickelte Pflanzenteile maximal drei Tage haltbar. Das herausgeschälte Gel können Sie dagegen in Eiswürfelbehälter geben und tiefgekühlt über mehrere Monate aufbewahren.

Kräuter

Schon bei der kleinsten Berührung verströmen sie südländische Aromen: Mediterrane Kräuter wie Olivenkraut, Basilikum, Rosmarin, Lavendel, Thymian oder Oregano sind geradezu ideal für die Kultur in Töpfen, Kästen und Kübeln geeignet. Da sie an die mageren Standorte ihrer Heimat angepasst sind, gilt es jedoch darauf zu achten, dass die genügsamen Pflänzchen nicht zu viel Dünger abbekommen. Darum sind sie zur Unterpflanzung nährstoffhungriger Konsorten nicht wirklich geeignet. Besser, Sie pflanzen die Kräuter in eigene Gefäße oder zu größeren Gruppen in Kästen und Kübel. Salbei sollte grundsätzlich in einem separaten Topf kultiviert werden.

MEIN PFLANZVORSCHLAG

Um den unterschiedlichen Ansprüchen unserer südländischen Gäste nachzukommen, sind Wassermelone, Aloe vera und mediterrane Kräuter jeweils in einem separaten Gefäß mit passendem Substrat und ausreichend Platz untergebracht. Nur dem Pfirsichbäumchen liegen je nach Topfgröße zwei bis drei Erdbeerpflanzen zu Füßen.

ZITRONENLIMO

Fix gemacht, köstlich und erfrischend – keine Frage, eine Zitronenlimo aus den eigenen, frisch geernteten Früchten schmeckt einfach viel besser als jedes gekaufte Erfrischungsgetränk! Und ist obendrein gesünder ...

Rezept

Für eine Portion Zitronenlimo für 4 Personen benötigen Sie 6 unbehandelte Zitronen, 500 ml Leitungswasser, 4 EL Honig und nach Belieben ein paar Minzeblätter. Zum Schluss wird alles mit 500 ml Mineralwasser aufgegossen, ob still oder mit Kohlensäure versetzt, bleibt Ihnen überlassen.

Zuerst die Zitronen heiß waschen, abtrocknen und die Schale fein abreiben. Den Saft der Zitronen auspressen und zusammen mit dem Leitungswasser und dem Honig in einem Topf bei mittlerer Hitze erwärmen. Dabei so lange umrühren, bis sich der Honig vollständig aufgelöst hat. Anschließend den Topf vom Herd nehmen und den Zitronensirup in eine Karaffe oder ein ähnliches Gefäß umfüllen. Wer mag, gibt noch ein paar Minzeblättchen dazu. Die abgekühlte Flüssigkeit für 1–2 Std. in den Kühlschrank geben.

Vor dem Servieren die abgeriebene Zitronenschale in das gekühlte Getränk geben. Alternativ können Sie vorab ein paar dünne Scheiben von einer halbierten Zitrone abschneiden und den Rest pressen. Die Zitronenscheiben statt Schale in die Limo geben. Zuletzt nach Belieben mit stillem oder kohlesäurehaltigem Wasser aufgießen. Gerade wenn es besonders heiß ist, können Sie statt Mineralwasser auch Eiswürfel zum Verdünnen des Getränks verwenden. Wohl bekomm's!

EXOTENBALKON

Fernweh? Dann verwandeln Sie doch einfach Ihren Topfgarten in ein tropisches Paradies. Neben prächtigen Blüten und Farben dürfen Früchte nicht fehlen. Da die meisten Exoten nicht winterhart sind, werden Sie bei uns ohnehin nur in Gefäßen kultiviert.

Neben etlichen exotischen Grün- und Blühpflanzen, wie beispielsweise Orchideen, Bambus, Bambuspalmen, Pfeifenwinde, Hibiskus, Bromelie, Zierbanane und noch vielen mehr, gibt es auch früchtetragende Pflanzen für Ihr tropisches Paradies auf Balkon oder Terrasse, sodass der kulinarische Genuss nicht zu kurz kommen muss. Ein sonniger Standort ist in jedem Fall Voraussetzung. Außerdem lohnt es, sich beizeiten Gedanken um eine geeignete Unterbringung im Winter zu machen, denn die meisten der sonnenverwöhnten Südländer sind nicht frosthart. Daher sollten sie auch in einen Kübel mit fahrbarem Untersatz gepflanzt werden, damit der Transport ins Winterquartier leichter zu handhaben ist.

DSCHUNGELFEELING PUR

Mit exotischen Pflanzen in unterschiedlichsten Grüntönen und auf verschiedenen Höhen, ein wenig Deko und dem passenden Mobiliar und Bodenbelag können Sie sich ein urbanes Exotenparadies erschaffen. Bepflanzen Sie dazu auch Hängeampeln oder das Balkongeländer, so ist jede Lücke optimal genutzt!

WINTERHARTE UND EINJÄHRIGE

Es gibt immerhin einige exotische Obstgewächse, die überraschenderweise auch in unseren Breiten draußen überwintern können:

Die winterharte Rote Zierbanane *Ensete Ventricosum* 'Maurelii' setzt zwar keine Früchte an, wächst aber klein und kompakt.

- Besonders dankbar sind kletternde Traubenkiwis (→ Seite 85), die in kürzester Zeit dichte grüne Wände bilden (→ Seite 101) und auch ohne Befruchtersorte reichlich Früchte ansetzen.
- Bis zu Temperaturen von −15 °C kann auch die klein und kompakt wachsende Maulbeere 'Mojo Berry' (→ Seite 85) im Freien überwintern.

Wer keinen Platz zur Überwinterung hat, der verlässt sich bei der Gestaltung seines Exoten-Topfgartens auf »Durchstarter«, einjährige Pflanzen, die innerhalb einer Saison üppig wachsen und Frucht bringen, um dann das Feld für eventuelle Nachkommen zu räumen:

- Eine überaus attraktive Pflanze, die gleichzeitig reiche Ernte liefert, ist die Physalis oder Andenbeere (→ Seite 84, 116).
- Mit ihren süßen Früchten, die geschmacklich an eine Mischung aus Birne und Honigmelone erinnern, nimmt die Melonenbirne immer mehr Balkon- und Terrassengärtner für sich ein, zumal sie auch in der Pflege relativ anspruchslos ist. Hauptsache, sie wird reichlich gewässert! Mit einer Besonderheit kann die Sorte 'Peppino' aufwarten: Je nach Temperatur variiert die Farbe der selbstfruchtenden Blüten zwischen Weiß und Blau. Bis zur Reife benötigen die Früchte etwa drei Monate; in dieser Zeit verfärbt sich auch die grüne Schale in Gelb und weist zuletzt violette Streifen auf. Sie können die Früchte mit oder ohne Schale verzehren, sie verleihen aber auch Obstsalaten das gewisse Etwas und schmecken in Joghurt oder Quarkspeisen.

Winterharte Banane

Zierbananen sind beliebte Zimmerpflanzen und daher in vielen Haushalten zu finden. Nach den langen, dunklen Wintermonaten freuen sie sich über einen Aufenthalt in der Sommerfrische und können den Exoten-Topfgarten mit ihren großen Blättern wirkungsvoll bereichern. Es gibt aber auch winterharte, fruchtbildende Bananen. Aller-

Passiflora edulis, auch als Maracuja bekannt, blüht wunderschön und liefert köstliche, vitaminreiche Früchte.

dings sind die meisten dieser Bananenstauden nur für großzügig angelegte Balkone oder Terrassen geeignet, da sie bis zu 350 cm hoch, teilweise sogar noch größer werden können. Bei genügend Platz ist das jedoch eine durchaus interessante Alternative, denn die Bananenstaude 'Musa' ist im Gegensatz zu ihren tropischen Verwandten nicht nur bis zu −10 °C winterhart, sondern erfreut den Topfgärtner obendrein durch leckere Früchte. Je sonniger und windgeschützter der Standort, desto besser der Geschmack! Die schnell wachsende, ausladende, dabei aber pflegeleichte und sehr dekorative Staude braucht einen nährstoffreichen, humosen und durchlässigen Boden. Idealerweise gießen Sie dieses Prachtstück mit weichem, das heißt kalkarmem Regenwasser und düngen während der Wachstumsphase alle zwei bis drei Wochen mit einem speziellen Flüssigdünger, damit der Nährstoffbedarf gedeckt ist. Staunässe mag 'Musa' überhaupt nicht. Nach etwa vier bis fünf Jahren kann die Banane in den Monaten August bis September erstmals eine Blüte ansetzen, die sich selbst bestäubt. Nach der Fruchtbildung stirbt der Hauptstamm ab, doch dank der zahlreichen inzwischen ausgebildeten Ableger wächst sie munter weiter. Vor dem Winter sollte der Stamm auf etwa 70 cm eingekürzt werden, braune Blätter

gilt es regelmäßig zu entfernen. Auch wenn die Banane winterhart ist, freut sie sich dennoch über einen Winterschutz aus Stroh oder ähnlichem Material, womit sie die kalten Monate besser überstehen kann. Ab Mai treibt sie neu aus.

AUS DEM WINTERGARTEN

Als Wintergarten- oder Gewächshausbesitzer haben Sie sicherlich die ein oder andere exotische Zitrusfrucht, die sich während der warmen Monate über einen Platz an der frischen Luft freut: Mandarinen, die Zitronat-Zitrone 'Buddhas Hand' mit beeindruckend geformten Früchten (→ Seite 87) oder die Caviar-Limette (→ Seite 87)

Exoten-Balkon

Gefäß 1:
❶ 1 Melonenbirne

Balkonkasten:
❷ 1 Vanilleblume
❸ 1 Rosenkelch
❹ 1 Ziersüßkartoffel

Gefäß 2:
❺ 1 winterharte Banane 'Mojo'

Einzelgefäße:
❻ 1 Zitronengras
❼ 1 Aloe vera
❽ 1 Thai-Basilikum

passen wunderbar in einen Exotengarten.
Nicht zuletzt ist die Maracuja (→ Seite 85, 100)
mit dem lateinischen Namen *Passiflora edulis* ein
begehrtes Exotengewächs für den Kübel auf Balkon oder Terrasse, da sie nicht so groß wird wie
andere Maracujasorten. Sie erreicht eine Wuchshöhe von 150–200 cm und wird in den Monaten
April bis Mai gepflanzt. Zunächst erfreut sie den
Betrachter mit wunderschönen, weiß-violetten
Blüten, aus denen sich anschließend die vitaminreichen Maracujafrüchte entwickeln. Ab August
bis in den September hinein kann man dann die
Früchte genießen. Diese einfach halbieren und
das Fruchtfleisch auslöffeln. Sobald die Temperaturen fallen, sollte die Maracuja ins beheizte Gewächshaus oder den Wintergarten umziehen. Alternativ eignet sich ein heller, kühler Raum.

PASSENDE BEGLEITER

Exotische Kräuter wie Thai-Basilikum oder das
Echte Zitronengras 'Tasty Lemon' haben eigene
Ansprüche an Substrat und Dünger und sollten
darum in separaten Pflanzgefäßen ihren Platz fin-
den. In diesen können sie dann um die größeren
Pflanzen herum drapiert werden. Für besondere
Akzente sorgt **Aloe vera** (→ Seite 119).
Der **Rosenkelch** (*Rhodochiton atrosanguineus*)
mit seinen wunderschönen, üppigen schwarz-lila
Blüten macht sich gut in Hängeampeln und
Balkonkästen, kann aber auch an einem Gerüst
emporgeleitet werden. Die aus Südamerika stam-
mende Pflanze kann aus Samen angezogen und
einjährig verwendet werden, an einem hellen
Fensterplatz im Haus kommt sie aber auch gut
über den Winter und erfreut dann in den nächsten Jahren durch zunehmend üppigeren Wuchs.
Ziersüßkartoffeln (*Ipomea batatas*) passen ebenfalls hervorragend in Ampeln und Kästen, es gibt
zahlreiche Sorten, die in Blattfarbe und Form va-
riieren. Gerade in Kombination sorgen sie mit
üppig hängendem Grün für Exotik.

Zitronengras ('Tasty Lemon'
Volmary) sorgt nicht nur für exo-
tisches Flair, seine Stängel und
Blätter schmecken auch köstlich.

Vanilleblumen (*Heliotrop*) brauchen viel Sonne.
Dann betören sie jedoch mit üppiger Blütenfülle
und einem wunderbaren Duft nach Vanille, der
zahlreiche Insekten anlockt.

MEIN PFLANZVORSCHLAG

Arrangieren Sie zu je einem Kübel mit einer
winterharten Banane und einer Melonenbirne
kleinere Töpfe mit Zitronengras, Aloe vera und
Thai-Basilikum. Für überhängende Blütenfreude
sorgt ein Balkonkasten mit je einer Vanilleblume,
einem Rosenkelch und einer Ziersüßkartoffel.

Die länglichen Früchte der Honigbeere erinnern in Farbe und Geschmack an Blaubeeren, die Blüten sind im März ein echter Insektenmagnet. Die Sorte 'Blue Velvet' eignet sich auch für Pflanzgefäße.

TIER- & INSEKTENPARADIES

Liebhaber süßer Früchte gibt es überall – gerade im Tier- und Insektenreich. Wer sich über den Besuch dicker Hummeln, farbenfroher Schmetterlinge und munterer Singvögel auf Balkon oder Terrasse freut, wird nur zu gerne für ein attraktives Angebot sorgen!

Ob im Garten oder auf dem Balkon – es gibt immer Möglichkeiten, wie man die Artenvielfalt auch im Kleinen erhalten und fördern kann. Und das Engagement lohnt sich: Insekten sind wichtige Bestäuber, vor allem nicht selbstfruchtende Obstgehölze sind dringend auf ihre »Vermittlung« angewiesen. Im Kreislauf von »fressen und gefressen werden« halten sie als fleißige Jäger andere Insektenarten in Zaum, die unseren Pflanzen schädlich werden könnten, dienen aber auch selbst als Nahrung vieler anderer Tierarten und Vögel. Blaumeisen etwa müssen täglich ein Drittel ihres Körpergewichts als Nahrung zu sich neh-

men, das entspricht ungefähr 3 g. Das Gewicht einer Blattlaus wird mit 0,4 mg anberaumt. Damit braucht eine hungrige Meise ca. 800 Blattläuse pro Tag, um ihren Energiebedarf zu decken. Bei der Aufzucht ihrer Jungvögel fliegen die Vogeleltern, Beobachtungen von Biologen zufolge, etwa 900-mal mit einem Insekt im Schnabel zum Nest. Zugegeben, gerade Vögel tun sich oftmals insbesondere an den Obst- bzw. Beerensorten gütlich, die auch wir Menschen gerne ernten. Doch bei einer reichen Balkonernte kommt es auf den einen oder anderen tierischen Mitesser nicht mehr so an ... Schließlich bringen Insekten und Vögel nicht nur Nutzen, sondern auch viel Freude, gerade dann, wenn sie sich auf Balkon und Terrasse zunehmend heimisch fühlen und uns ihren Nachwuchs anvertrauen (→ Seite 132)!

Die meisten Obst- und Beerenarten bieten von sich aus wertvolle Nahrung und Unterkunft für alle Arten von Tieren. Vielleicht möchten Sie es Ihren geflügelten Untermietern aber auch besonders gut gehen lassen? Dies gelingt, je nach Platzangebot und Standort, mit der Auswahl spezieller Nährgehölze und -pflanzen. Und wenn Sie dann noch Futter, Nistplätze und täglich frisches Wasser anbieten, wird Ihr Cityobstgarten zu einem kleinen Paradies für Mensch und Tier!

BALKONGENÜSSE

Typische Nährgehölze, die Insekten und Vögel gleichermaßen erfreuen, setzen nach reicher Blüte viele Früchte an und bieten gute Deckung. Typische Vertreter kennen wir aus Gärten (Mahonie, Schneeball, Liguster, Pfaffenhütchen) oder von Hecken (Schlehe, Mehlbeere, Weißdorn, Kreuzdorn) und Waldrändern (Schneebeere, Holunder) in freier Natur. Also viel zu groß für Balkon oder Terrasse? Das kommt auf einen Versuch an!

Die Vogelbeere (Eberesche; *Sorbus aucuparia*) beispielsweise ist als Baum mit 4–8 m Wuchshöhe definitiv zu groß für jeden Balkon. Als Strauch wird sie dagegen nur 250–300 cm hoch. Auch Sorten wie die Schneebeere (*Symphoricarpos albus* var. *laevigatus*), der Rote Holunder (*Sambucus racemosa*) und der Feuerdorn (*Pyracantha*) sind im Handel als »Busch« erhältlich. Und der Sanddorn wurde ja bereits als Powerpflanze für den Balkon vorgestellt (→ Seite 115). Zudem sind alle genannten Gehölze extrem schnittverträglich, sodass sie sich gut auf »Balkon-Format« zurückschneiden lassen. Der Rückschnitt erfolgt vorzugsweise im Frühjahr, falls Sie im Herbst einzelne störende Äste entfernen, können Sie diese zum Trocknen aufhängen und die getrockneten

Beeren für die Winterfütterung verwenden. Wenn Sie diese vorher in Wasser einweichen, werden sie von den Vögeln noch einmal so gerne angenommen. Ansonsten bleiben die Beeren am Strauch, bis sie von den Vögeln gefressen werden.

Obwohl die Sträucher als Freilandpflanzen allesamt winterhart sind, benötigen sie im Kübel dennoch einen Winterschutz, da das geringe Erdvolumen die Wurzeln nicht ausreichend vor Frost abschirmt. Als Substrat ist eine gute Pflanzenerde nötig, die mit Kompost oder Wurmkompost angereichert wird. Falls Sie mehrere Exemplare als Gruppe oder als Sichtschutz (→ Seite 98) pflanzen möchten, wird ein Abstand von ungefähr 80 cm benötigt, damit sich jede Pflanze ungestört entwickeln kann. Einschließlich der Vogelbeeren (Früchte der Eberesche) sind die Beeren aller genannten Sorten ungiftig und stellen somit auch keine Gefahr für Kinder dar.

VOGELSICHER

Beerenobst ist bei Vögeln genauso beliebt wie bei uns Menschen. Bei der Ernte sind sie uns meist einen Schritt voraus, darum werden die Früchte oftmals mit Netzen vor den eifrigen Schnäbeln geschützt. Das ist verständlich, doch sollten dabei unbedingt vogelsichere Netze zur Verwendung kommen. Weiche und gewobene Netze in auffälligen Farben sind genau richtig! Je feiner und schärfer die Fäden, je größer die Maschenweite, desto größer die Gefahr, dass sich die Vögel darin verheddern und sich bei dem Versuch freizukommen lebensgefährlich verletzen. Geeignet sind feinmaschige Netze, wie sie zum Gemüseschutz verwendet werden.

Auch ein kleines Insektenhotel wird dankbar angenommen. Wer etwas mehr Platz und ein großes Herz für die Natur hat, kann aber auch eine ganze Wand passend umgestalten.

Senkrecht in einen Topf gesteckte Beerenruten dienen Insekten wie der Dreizahn-Mauerbiene als Niststätte. Dazu bis in den Spätsommer des Folgejahres stehen lassen!

KLEIN, ABER FEIN

Es braucht nicht viel, um Balkon oder Terrasse zu einem Anziehungspunkt für alle Arten von Insekten zu machen. Das Erfolgsrezept sind einjährige Pflanzen, die wenig Platz beanspruchen und nicht überwintert werden müssen. Im Frühjahr frisch ausgesät, erfreuen sie durch lang anhaltenden Blütenflor und liefern reichlich Nahrung – idealerweise für Mensch und Insekt:

- *Nach der Aussaat im April trägt* **Borretsch** *ab Juni bis zum ersten Frost unermüdlich nektarreiche, sternförmige Blüten in Blau und Pink. Die essbaren Blätter mit gurkenartigem Aroma haben ihm auch den Namen Gurkenkraut gegeben.*
- **Buchweizen** *wird gleichfalls im April ausgesät. Die frohwüchsige Pflanze bringt innerhalb kurzer Zeit zahlreiche kleine weiße Blüten hervor, die viel Nektar für Bienen und andere Insekten bereithalten. Aus den bestäubten Blüten reifen essbare, braune, nussähnliche Früchte heran.*

- *Die frostempfindliche* **Kapuzinerkresse** *kann erst ab Mai ausgesät werden. Doch bereits ab Juni zeigen sich ihre gelben, orangenen oder roten Blüten und machen sie zur Augen- und Bienenweide. Die Blüten sind übrigens essbar – genauso wie die Blätter und eingelegten Samen.*
- **Ringelblumen** *sind verhältnismäßig robust, sie wünschen sich vor allem einen sonnigen Standort. Im März ausgesät, zeigen sie ab Mai die ersten Blüten und blühen bis zum Frost in verschiedenen Gelb- und Orangetönen. Die Blüten sind essbar und dienen von alters her als Grundlage verschiedener Salben und Tinkturen.*
- *Nicht nur im Beet, auch in Kästen und Kübeln lassen sich spezielle* **Samenmischungen** *aussäen, wie sie im Handel zur Aussaat von Insektenweiden erhältlich sind. Unverzichtbare Bestandteile dieser Mischungen sind Klee, Kornblumen, Malven und Phazelien. Nicht umsonst tragen Letztere auch den Namen Bienenfreund!*

- *Gerade auch die hier im Buch schon mehrfach erwähnte **Hängepolsterglockenblume** Campanula porscharskyana (→ Seite 113) ist ein wahrer Magnet für Bienen und andere Insekten.*
- ***Zierlauch**, wie etwa die Sorte Allium 'Millenium', ist eine niedrig wachsende Duftstaude, die ebenso viele Bienen wie Schmetterlinge anlockt.*

BED & BREAKFAST
Insektenhotels anbringen

Nicht jedem mag es sinnvoll erscheinen, Insekten gezielt auf den Balkon zu locken, denn: Manche stechen oder beißen und nicht alle sind so farbenfroh anzusehen wie Schmetterlinge. Aus genau diesen Gründen wurde ihr Wert für Natur und Umwelt über viele Jahre hinweg verkannt. Heute, sensibilisiert durch alarmierende Nachrichten zum »Insektensterben«, weiß man den Nutzen von Insekten besser zu schätzen. So setzt ein Großteil der Pflanzen nicht nur auf Bienen, sondern auch auf viele andere Insektenarten als Bestäuber. Und beim ökologischen Pflanzenschutz verlässt man sich unter anderem darauf, dass es zu jedem Schädling aus dem Reich der Insekten auch den passenden Gegenspieler gibt. Zwei gewichtige Gründe, weshalb es sich auch für Cityobstgärtner lohnt, die krabbelnden und schwirrenden Zeitgenossen auf den Balkon zu locken. Damit dies gelingt, müssen Sie jedoch für attraktive Angebote sorgen.

Insekten kommt es vor allem auf zwei Dinge an: Nahrung und geeignete Brutmöglichkeiten. Wie Sie selbst auf dem Balkon für ein verlockendes Nahrungsangebot sorgen können, ist bereits geklärt. Bleibt noch die Schaffung von »Wohnraum«. Gerade für Balkon und Terrasse greift man dabei gerne auf im Handel erhältliche Nisthilfen für Insekten zurück. Dort gibt es spezielle Behausungen für Florfliegen, Marienkäfer, Schlupfwespen und Schwebfliegen oder auch »Mehrfamilienhäuser«, die aus mehreren Unter-

einheiten für verschiedene Insektenarten aufgebaut sind. Doch nicht alles, was hübsch aussieht, wird auch den Bedürfnissen der künftigen Bewohner gerecht. Damit eine Insekten-Nisthilfe ihren Zweck erfüllt, müssen unter anderem folgende Voraussetzungen gegeben sein:

- *Wichtig ist, dass die Brut trocken bleibt, darum sollten Bohrhölzer aus Hartholz gefertigt und die Bohrlöcher quer zur Faser gebohrt sein. Dadurch dringt weniger leicht Wasser in das Holz ein. Ein kleines Giebeldach schützt vor Regen.*
- *Ideal sind Bohrlöcher mit 2–9 mm Durchmesser, das Innere und der Rand sollten möglichst glatt sein, damit sich die filigranen Tierchen nicht an hervorstehenden Spreißeln verletzen.*
- *Der beste Standort ist sonnig, geschützt vor Wind und Regen und etwas abseits vom sonstigen Balkonleben, damit die Tiere ungestört sind.*

Kühles Nass

Insekten werden an heißen Tagen genauso von Hitze und Durst geplagt wie wir. Nur gut, wenn Sie Ihren Balkonbewohnern stets frisches Wasser zur Verfügung stellen. Für diesen Zweck hervorragend geeignet sind flache Tonuntersetzer. Diese befüllen Sie mit Aquarienkies, Glasmurmeln oder Glassteinen, in jedem Fall mit Materialien, die keine Schadstoffe an das Wasser abgeben. Dann postieren Sie den Untersetzer zwischen den Pflan-

Eine Tränke, gefüllt mit Steinen, Murmeln oder Aquarienkies, soll verhindern, dass die Insekten bei der Wasseraufnahme ertrinken.

Etwa 900 Mal pro Tag servieren Meisen ihrem Nachwuchs Insekten, darunter Pflanzenschädlinge wie Raupen und Blattläuse.

zen und füllen ihn so hoch mit Wasser, dass die Insekten trinken, aber nicht ertrinken können. Wassertränken erfordern regelmäßige Pflege. Gerade an heißen Tagen gilt es, den Wasserstand stets im Auge zu behalten und beizeiten aufzufüllen. Zudem sollten Sie die Tränke regelmäßig säubern. Dabei auf keinen Fall Spülmittel oder andere Reinigungsmittel verwenden, eventuelle Rückstände würden den Tieren schaden. Es genügt vollkommen, wenn Sie den Untersetzer täglich mit klarem Wasser gründlich ausspülen. Gegen Kalkablagerungen hilft hin und wieder die Verwendung einer stark verdünnten Essig-Wasser-Mischung. Anschließend gut nachspülen, damit keine Essigreste haften bleiben.

Haben Sie die Tränke mit Glasmurmeln oder Glassteinen bestückt, sind Sie fein raus, denn beides ist gleichfalls leicht zu reinigen. Bei Aquarienkies empfiehlt es sich, diesen einmal täglich in ein feines Sieb zu geben und kräftig abzubrausen. Da auf der rauen Oberfläche Keime anhaften können, sollten Sie den Kies zusätzlich hin und wieder in einem ausrangierten Kochtopf auskochen, um ihn zu desinfizieren.

Ein Pool für Vögel

Auch Vögel freuen sich über einen größeren, stabilen und standsicheren Untersetzer, in dem sie täglich frisches Wasser vorfinden. Allerdings nutzen sie dieses nicht nur zum Trinken, sondern auch zum Baden. Durch kräftiges Spritzen und Schütteln benetzen sie ihr Gefieder mit Wasser, was die anschließende Gefiederpflege mit dem Schnabel deutlich leichter macht. Darum ist es hier von besonderer Bedeutung, die Wasserstelle pingelig sauber zu halten. Gehen Sie dabei genauso vor wie für die Insektentränke beschrieben.

Ganzjährig füttern?

Vögeln mit Futtergaben über den Winter zu helfen hat eine lange Tradition. Inzwischen werden aber auch immer mehr Stimmen laut, die eine ganzjährige Fütterung unserer gefiederten Freunde befürworten, weil insbesondere im urbanen Umfeld der Lebensraum so reduziert sei, dass sie nicht mehr genug Nahrung finden könnten. Ich selbst jedenfalls versorge täglich die Wildvögel, Eichhörnchen und den Igel in unserem Gemeinschaftsgarten und auf meinem Balkon habe ich gleichfalls einen Futterplatz für die gefiederten Gesellen eingerichtet. Zu meiner großen Freude finden sich dort regelmäßig Haubenmeisen, Blaumeisen, Kohlmeisen, Schwanzmeisen, Rotkehlchen, eine Spechtfamilie samt Jungvogel und immer öfter sogar der sehr scheue Kleiber ein. Die Schädlinge an unseren Balkonpflanzen sind dann die überaus beliebte Dreingabe. Und ja, wenn Sie den Besuchern zum normalen Wildvogelfutter noch besondere Leckerbissen wie lebende Mehlwürmer oder spezielle Erdnussbutter für Vögel anbieten, werden sie nur zu gerne wieder kommen. Leckereien dieser Art sind von Rotkehlchen und Meisen in null Komma nichts verspeist. Zugegeben, die Vogelfütterung auf dem Balkon hinterlässt auch Spuren. Doch man kann sich die Reinigungsarbeiten gut erleichtern. Wählen Sie ein Futterhäuschen, das leicht zu reinigen ist. Die Futterstelle muss immer frei von Kot sein, da sonst Krankheitserreger zwischen den Vögeln übertragen werden können. Eine untergelegte Folie schützt den Balkonboden vor größeren Verunreinigungen und lässt sich leichter säubern. Falls verstreutes Vogelfutter nicht in Ihre Balkonkästen und Kübel gelangen soll, empfiehlt es sich, das Futterhäuschen gesondert aufzustellen.

Auch unter Vögeln spricht sich die Nachricht von einer guten Futterstelle rasch herum. Nur allzu schnell stellen sich dann zusätzlich größere Vertreter wie Elstern, Dohlen, Krähen, Eichelhäher und Tauben ein. Sofern dies nicht erwünscht ist, hilft es, deren Anflugflächen mit trockenen Ästen zu bestücken. Bei fehlender Landefläche bleiben die ungebetenen Gäste fern und die Futterkörner den kleinen Vögeln vorbehalten. Gerade Dohlen und Tauben können geradezu in Scharen an guten Futterquellen auftauchen ...

MEISENKNÖDEL SELBER MACHEN

Vögel lieben Erdnussbutter – alle ohne Ausnahme! Aus ihr lassen sich schnell und einfach die verschiedensten Leckereien herstellen. Wichtig ist jedoch, dass Sie dazu ausschließlich spezielle Erdnussbutter für Vögel verwenden. Produkte für den menschlichen Verzehr enthalten Stoffe, die den Vögeln schaden! Diese Spezialmasse kann pur zu Knödeln gedreht oder in speziellen Halterungen verfüttert werden. Schön sehen auch ausgestochene Figuren mit Aufhänger aus. Da die Masse in Platten geliefert wird, ist das ruck, zuck gemacht. Oder Sie geben je nach Bedarf gehackte Nüsse, verschiedene Streufutter und getrocknete Beeren dazu. Letztere sind insbesondere bei Amseln und Drosseln beliebt.

Zutaten für 12 Meisenknödel

ca. 1 kg Erdnussbutter-Futtermasse
ca. 150–200 g Zutaten (nach eigenem Ermessen) wie eine Mischung aus Nüssen (grob gehackte Erdnüsse, Walnüsse, Haselnüsse) oder Beeren (Holunder, Eberesche, Mehlbeere, Schneeball, Hagebutte, am besten eigene Ernte). Auch Rosinen eignen sich.

1. Die Masse vor der Verarbeitung an einem warmen Ort weich werden lassen.
2. Anschließend auf einem Tablett gut durchkneten. Damit die Futterbälle später nicht ganz so hart werden, können Sie noch 1 EL Sonnenblumenöl untermischen.
3. Sobald die Masse warm und geschmeidig ist, kommen die Zutaten dazu. Wer verschiedene »Geschmacksrichtungen« anbieten möchte, teilt den Futtermix in mehrere Portionen und passt die Zutatenmenge entsprechend an. Gutes Gelingen!

NACHWUCHS
auf dem Obstbalkon

Nicht nur Menschen, auch Tiere wissen grüne Oasen im städtischen Umfeld zu schätzen. Bieten diese neben Nahrung doch auch eine willkommene Möglichkeit, den eigenen Nachwuchs in geschütztem Umfeld großzuziehen – sofern Sie dies zulassen!

Kann es wohl einen besseren Beweis für die ansprechende Gestaltung Ihres Cityobstbalkons geben als Vögel, die in Ihren Kübeln und Kästen Nester bauen und sich und ihren Nachwuchs Ihrer Obhut anvertrauen? So wie das Amselpärchen, das sich in diesem Sommer bei meinem Nachbarn eingefunden und seinen Balkon zur Kinderstube auserkoren hat. Da das Paar sehr spät mit dem Brüten begonnen hatte, schlüpfte leider nur ein Junges, doch die Brutphase und Fütterung des Jungvogels zu beobachten war einfach wunderschön.

Nahe dem Nest hatte mein Nachbar dem Brutpaar täglich etwas Futter und frisches Wasser im Schutz der Pflanzen bereitgestellt, sodass die kleine Amselfamilie während der Aufzuchtphase immer gut versorgt war.

Inzwischen ist der kleine Piepmatz bereits in unserem Garten unterwegs und ich sehe ihn oft mit den Altvögeln in der Nähe der Futterstelle, wenn sie ihn noch füttern, obwohl er eigentlich schon längst eigenständig fressen kann. Auf meinem Balkon brüten leider keine Vögel, da ich häufig Katzen in Pflege habe – andernfalls hätte ich meine Freude daran.

IN LUFTIGER HÖHE

Dass Vögel den Balkon als Brutquartier auserwählen, ist gar nicht so ungewöhnlich. Schließlich bevorzugen sie von Natur aus Brutstätten in gewisser Höhe. Außerdem sind Balkone unerreichbar für Fressfeinde wie Katzen und Marder. Und wenn dann noch verschiedene nektarreiche Pflanzen für das Vorhandensein von Insekten und somit für das benötigte Futter sorgen, nimmt man die Anwesenheit des Menschen schon mal in Kauf. Das fällt Vögeln wie kessen Spatzen und flinken Meisen natürlich leichter als dem etwas zurückhaltenderen Hausrotschwanz. Damit die Gäste nicht auf Bretterverschalungen, Fassaden- oder Mauerlöcher als Nistplatz ausweichen müssen, können Sie auch auf dem Balkon durch die

Diese Amsel schlüpfte im Balkonkasten meines Nachbarn. Rücksichtnahme und Ruhe sind nun willkommen, ebenso etwas Wasser und Futter.

Spektakulär – aber inzwischen leider keine Seltenheit mehr: Der Mangel an Nistplätzen treibt immer mehr Tiere zum Brüten auf den Balkon – wie hier eine vertrauensvolle Stockente.

Aufhängung von Nistkästen für ein angemessenes Eigenheim sorgen. Achten Sie jedoch darauf, dass diese nicht stundenlang der prallen Sonne ausgesetzt sind. Das Einflugloch sollte im besten Falle vor Regen geschützt sein, erfahrungsgemäß bewährt sich eine Ausrichtung nach Osten oder Norden. Hängen Sie den Nistkasten im Herbst auf, nicht erst im Frühling. Meisen beginnen schon im Winter mit der Quartiersuche und nutzen die Kästen auch als Zufluchtsort bei Kälte.

UNGEBETENER BESUCH?

Allerdings haben nicht nur Singvögel den Balkon als idealen Brutplatz entdeckt. Gerade in Großstädten sind sichere Nistmöglichkeiten Mangelware und Vögel wie Elstern, Krähen und vor allem Tauben weichen immer öfter auf Balkone aus. Großen Respekt habe ich vor einer engagierten Kölnerin, die im Jahr 2020 auf ihrem Balkon im vierten Stock einer Entenfamilie mit zehn Küken eine Heimat gab. Dabei hatte sie sogar den ganzen Balkon an die Bedürfnisse der Tiere angepasst: Es gab einen kleinen Teich, entsprechende Bodenbeläge und auch Pflanzen. Später wurden die Jung-

vögel samt Mutter Alice in eine Wildtierauffangstation umgesiedelt, obwohl Alice im nächsten Jahr mit Sicherheit erneut auf dem Balkon einziehen wird. Denn geeignete Brutplätze vergisst Ente nicht so schnell, wie die zur Unterstützung eingeschalteten Tierschutzexperten vermuten. Schließlich brütete Alice bereits im Vorjahr dort, allerdings schlüpfte damals nur ein Entenküken.

EIN HERZ FÜR TIERE

Neben Vögeln liest man zudem immer öfter von Eichhörnchen, die auf Balkonen ihre Jungen großziehen. Sollten sich also auch bei Ihnen einmal Tiere zum Nisten einfinden, so geben Sie ihnen doch bitte die Möglichkeit, ohne die Brutstätten vorschnell zu vernichten oder die Eier aus den Nestern zu nehmen. Wenn Sie Unterstützung benötigen, kontaktieren Sie Wildtierauffangstationen oder örtliche Tierheime, die Ihnen mit Rat und Tat zur Seite stehen. Gerade für Kinder ist es aufregend, die Tiere – natürlich mit dem gebotenen Abstand – bei der Aufzucht der Jungen zu beobachten! In Ihrem und im Interesse der Tiere: Helfen Sie ihnen, wenn es für Sie machbar ist!

OBSTGARTEN-PRAXIS
durch das Jahr

Was den Obstanbau vom Gemüsegärtnern unterscheidet? Die meisten Obstgewächse sind mehrjährig und brauchen daher nicht nur während der Vegetationsperiode – also im Frühjahr, Sommer und Frühherbst – Ihre Aufmerksamkeit, sondern auch im Spätherbst und Winter. Für das bisschen »Mehraufwand« werden Sie allerdings reichlich belohnt: mit vielen Früchten und einer nachhaltigen, da beständigen Balkon- oder Terrassenbepflanzung. Was zu jeder Jahreszeit zu tun ist, vom Start im Frühjahr bis hin zum Winterschutz, erfahren Sie in diesem Kapitel.

—

DER START
ins Frühjahr

Das wurde aber auch Zeit! Wenn die Natur ab Ende März wieder zum Leben erwacht und die Sonne zum Fenster hereinlacht, drängt es emsige Balkongärtner, die Saison im Topfgarten zu eröffnen. Schließlich gibt es genug zu tun, auch wenn manche Pflanzen ihr Winterquartier erst nach den Eisheiligen verlassen dürfen.

Endlich sind die langen, dunklen Monate des Wartens vorbei. Die Natur erwacht zum Leben, die ersten Blätter und Knospen entwickeln sich und in den Kästen und Kübeln zeigen sich die ersten Blüten: Frühlingsblüher wie Schneeglöckchen, Krokusse, Szilla und Milchstern gehören zu den Frühstartern, etwas später folgen Narzissen, Tulpen, Hyazinthen und Co. Bevor jedoch Ihre Schützlinge aus dem Wintergarten oder Winterquartier an die frische Luft dürfen, müssen die Tage warm genug und die Nächte sicher frostfrei sein. Andernfalls drohen bei empfindlichen

Pflanzen Frostschäden. Mehr Licht und steigende Temperaturen – für Pflanzen ist damit der Startschuss gegeben, um sich mit voller Kraft in eine neue Vegetationsperiode zu stürzen. Höchste Zeit also, für die passenden Voraussetzungen zu sorgen. Mit einer frischen Portion Nahrung und einem Gesundheits-Check schaffen Sie die Grundlage für eine erfolgreiche Topfgartensaison.

AUSWINTERN

Erste Maßnahme: den Winterschutz entfernen. Lassen Sie Licht und Luft an Ihre Pflanzen, damit sie den Frühling spüren! Vertrocknetes Geäst und Reisig werden entfernt, wiederverwendbare Materialien wie Schilfrohr- und Jutematten oder Vlies sorgfältig getrocknet und eingelagert.

FRÜHJAHRSKUR FÜR DAS SUBSTRAT

Voraussetzung für gesundes Wachstum, üppigen Blütenansatz und reiche Ernte ist ein frisches, nährstoffreiches Substrat. Ob Sie auffrischen oder komplett umtopfen müssen, sagt Ihnen ein kritischer Blick auf die Pflanzerde: Ist sie bröselig, trocken und hat eine fahle Farbe, wird es höchste Zeit für eine Rundumerneuerung. Sieht das Substrat dagegen noch nach Erde aus und weist einen

Spätestens Ende März/Anfang April, wenn die Himbeeren neu austreiben, sollten die abgetragenen Triebe vom Vorjahr bodennah abgeschnitten werden (→ Seite 48).

Die im Rahmen des Klimawandels frühen milden Temperaturen bringen die Pflanzen immer zeitiger zur Blüte. Schützen Sie diese nachts unbedingt mit Vlies vor Spätfrösten.

frischen Geruch auf, reicht es, die Pflanzenerde aufzufrischen, indem Sie handelsüblichen Langzeitdünger, Kompost oder Pellets untermischen.

Das Substrat auffrischen

Um das Substrat aufzufrischen und wieder mit Nährstoffen anzureichern, gehen Sie wie folgt vor:

1. Schieben Sie zunächst die Mulchschicht an den Rand von Topf, Kasten oder Kübel. Dann mit einem Pflanzenstecher rund um das Obstgehölz Löcher in die Erde stechen. Je nach Größe des Pflanzgefäßes sollten diese 5-10 cm vom Stamm entfernt und 10–20 cm tief sein. Bei Erdbeerpflanzen und kleineren Obststräuchern ist das nicht notwendig, hier können Sie Kompost oder Langzeitdünger direkt auf die Erdoberfläche geben und einarbeiten.

2. Bei Verwendung von Kompost und Wurmkompost (→ Seite 35) reichen zumeist schon ein bis zwei Handvoll, um den Pflanzen zu einem guten Start zu verhelfen. Zusätzlich können Sie auch noch eine Handvoll Hornspäne (→ Seite 36) mit einarbeiten. Kompost und Hornspäne gut vermischen und die

Humusgabe gleichmäßig auf die Löcher verteilen. Diese im Anschluss wieder verschließen und die Erdoberfläche mit einer kleinen Hacke oder Harke vorsichtig lockern. Zuletzt den beiseitegeschobenen Mulch gleichmäßig auf der Erdoberfläche verteilen und etwas angießen.

3. Bei handelsüblichen Düngern bitte genau die Dosieranleitung auf der Verpackung befolgen, um eine Überdüngung zu vermeiden. Verwenden Sie keinen Flüssigdünger, sondern Langzeitdünger in fester Form, empfiehlt es sich, die Düngergabe gleichmäßig rund um das Bäumchen zu verteilen und anschließend mit einer kleinen Harke in die Erde einzuarbeiten. Auch hier wird die Erdoberfläche wieder mit dem vorhandenen Mulchmaterial abgedeckt.

Substrat teilweise tauschen

Alternativ können Sie einen Teil der oberen Erdschicht abtragen (je nach Fassungsvermögen des Gefäßes 5–10 cm) und durch ein Gemisch aus frischer Erde, Kompost, Pellets oder handelsüblichem Langzeitdünger ersetzen. Beide Varianten haben den gewünschten Erfolg, für welche Sie

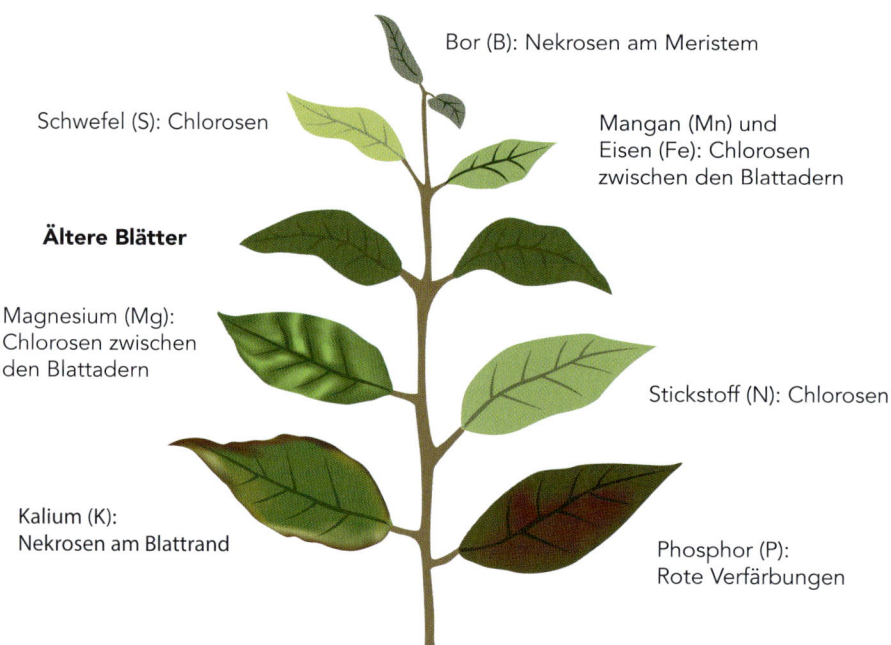

Junge Blätter

Bor (B): Nekrosen am Meristem

Schwefel (S): Chlorosen

Mangan (Mn) und
Eisen (Fe): Chlorosen
zwischen den Blattadern

Vergilbte Blätter mit
grünen Blattadern
sind das typische
Erscheinungsbild
der Chlorose und
sprechen für allge-
meinen Nährstoff-
mangel.

Ältere Blätter

Magnesium (Mg):
Chlorosen zwischen
den Blattadern

Stickstoff (N): Chlorosen

Kalium (K):
Nekrosen am Blattrand

Phosphor (P):
Rote Verfärbungen

sich entscheiden, hängt von den Verhältnissen im
Topf und Ihren persönlichen Vorlieben ab. Bei
Flachwurzlern wie Himbeeren oder Brombeeren
wäre es beispielsweise falsch, die oberste Erdschicht auszutauschen, da hierbei die Gefahr besteht, das Wurzelwerk zu stark zu beschädigen.

Substrat komplett austauschen

Muss das Substrat komplett ausgetauscht oder die
Pflanze in einen größeren Kübel umgetopft werden, gehen Sie grundsätzlich so vor wie für das
Eintopfen von Containerpflanzen beschrieben
(→ Seite 24). Der frischen, nährstoffreichen Erde
mischen Sie Kompost oder alternativ Langzeitdünger zu. Bei Pflanzen, die noch nicht ihre end-
gültige Größe erreicht haben, empfiehlt es sich,
mit dem Austausch des Substrats zugleich auf
einen größeren Topf umzusteigen. So lohnt sich
die Arbeit gleich doppelt. Soll das gleiche Pflanzgefäß verwendet werden, können Sie dieses vorab

mit klarem Wasser oder einer schwach konzen-
trierten Essig-Wasser-Mischung reinigen.

1. Braucht die Pflanze einen größeren Topf, reicht
   es, den Wurzelballen der gut gewässerten
   Pflanze nach dem Austopfen etwas zu lockern.
   Dann geben Sie die Pflanze in den neuen Topf
   und versorgen sie rundum mit frischer Erde.

2. Soll die Pflanze wieder in den vorherigen, also
   gleich großen Topf und dennoch mit frischer
   Erde verwöhnt werden, müssen Sie das alte
   Substrat teilweise entfernen. Dazu die Pflanze
   austopfen und oberflächliche Schichten des
   Pflanzballens vorsichtig lockern, bis die trockene, verbrauchte Erde herausfällt. Man kann
   hier nur schwer Angaben zur erforderlichen
   Menge machen, darum rütteln Sie einfach
   sacht an den Wurzeln, bis sich das Substrat
   löst. Dabei behutsam vorgehen, damit die
   Wurzeln nicht beschädigt werden. Danach die
   Hohlräume mit frischer Erde auffüllen.

3. Bevor das Bäumchen oder der Strauch wieder in das vorbereitete Gefäß kommt, gilt es auch hier, abgestorbene Wurzeln, erkennbar an der bräunlichen Farbe, abzuschneiden.

FRÜHJAHRSPUTZ

Bei vielen Obstgehölzen ist im späten Winter oder beginnenden Frühjahr ein Rückschnitt erforderlich (→ Seite 47). Doch auch bei allen anderen lohnt sich ein kritischer Blick, um abgestorbene oder falsch gewachsene Äste, Zweige oder Ranken rechtzeitig zu entfernen.

GESUNDHEITS-CHECK

Pflanzenschädlinge sind manchmal überraschend früh unterwegs. Darum ist es ratsam, schon jetzt die Bäumchen und Sträucher auf unerwünschte Bewohner hin zu untersuchen. Blattläuse beispielsweise tummeln sich bevorzugt an den Knospen und Blüten, an Blattunterseiten und in den Blattachseln. Auch der **Echte Mehltau** kann bereits im Frühjahr vorkommen, schließlich sind Temperaturen von 20 °C und mehr inzwischen keine Seltenheit mehr. Je früher Sie dem Befall mit Schädlingen und Pilzen zu Leibe rücken, desto besser für Ihre Pflanzen. Immerhin gibt es genug Möglichkeiten, wie Sie auf natürliche Weise für Abhilfe sorgen können (→ Seite 37). Typische **Nährstoffmangelerscheinungen** sind:

- *Chlorose:* Der durch eine allgemeine Unterversorgung mit Nährstoffen bedingte Chlorophyllmangel zeigt sich bereits im Herbst in einer charakteristischen Gelbfärbung einzelner Blätter oder des gesamten Blattwerks. Die Blattadern bleiben dabei dunkelgrün. Bleibt der Mangel bestehen, sterben die Blätter ab und werden braun. Für Abhilfe sorgen Düngergaben (→ Seite 32).
- *Stickstoffmangel:* Erkennbar an der Vergilbung älterer Blätter, die jungen Blätter bleiben weiterhin grün. Die Pflanze erscheint insgesamt kraftlos. Mit einer Blattdüngung lässt sich der Mangel beheben, wie durch Besprühen mit Brennnesselsud (→ Seite 38) oder verdünnter -jauche.
- *Phosphormangel:* Merkmal ist die rötliche bis purpurfarbene Verfärbung vor allem älterer Blätter, der Wuchs der Pflanze wirkt ungewöhnlich fest und starr. Phosphor ist in vielen Langzeitdüngern vorhanden, von daher nachdüngen und gegebenenfalls auch den pH-Wert der Pflanzenerde überprüfen. Ist dieser zu niedrig (unter 6) oder zu hoch (über 8), bleibt der Phosphor im Erdreich gebunden. Auch zu viel Kalk und zu kalte Temperaturen verhindern die Aufnahme.
- *Kaliummangel:* Scharfkantige Verbrennungen insbesondere an den Rändern älterer Blätter sprechen für Kaliummangel. Zudem wächst die Pflanze verzögert und wirkt insgesamt »schlapp«. Der Mangel zeigt sich auch an fruchttragenden Trieben, die Früchte sind kleiner als üblich und reifen schlechter aus. Kalium ist zudem für die Winterhärte wichtig. Damit Kalium von den Wurzeln aufgenommen werden kann, sollte der pH-Wert der Pflanzenerde bei 6,5 liegen. Wenden Sie dann einen zielgerichteten Dünger an.
- *Magnesiummangel:* Ein Mangel an Magnesium wirkt sich negativ auf das Wurzelwachstum aus, die Wasser- und Nährstoffaufnahme verringert sich. Dadurch bleibt die Pflanze im Wachstum zurück und zeigt die Erscheinungen eines allgemeinen Nährstoffmangels (Chlorose). Die Maßnahmen entsprechen denen zur Behandlung der Chlorose (Blattdüngung), zudem helfen gezielte Düngergaben, um den Boden aufzubessern.

Mit Power in das neue Jahr

Grundsätzlich ist es immer von Vorteil, Mangelerscheinungen und Schädlingsbefall vorzubeugen, statt diese zu behandeln. Darum empfiehlt sich eine Frühjahrskur mit verdünnter Brennnesseljauche oder Brennnesselsud – auch wenn kein Handlungsbedarf gegeben ist, sorgt dies für kräftige Pflanzen mit gesundem Blattwerk.

Steinobst wie Pfirsiche oder Kirschen kommen im Sommer zur Reife. Jetzt möchten die Pflanzen ihren Gärtner zweimal täglich sehen: zum Naschen und Genießen, aber auch zum Gießen und Pflegen.

HOCHSAISON IM SOMMER

Von Juni bis September ist Hochsaison im Obstgarten: Aus dem üppigen Blütenflor des Frühlings entwickeln sich Früchte und Beeren, reichlich Wasser und Nährstoffe sind jetzt gefragt. Und ein aufmerksames Auge, denn auch die »Mitesser« bleiben nicht untätig.

Sommer, Sonne, gute Laune. Bei den warmen Temperaturen laufen auch die letzten Pflanzen zu Höchstform auf, überall grünt und blüht es und im Cityobstgarten gibt es die ersten Beeren zu ernten. Kurzum: Der Hobbygärtner ist nun voll und ganz in seinem Element ...

FLEISSIG GIESSEN

Gießen, gießen und noch einmal gießen – Obstgewächse brauchen im Sommer viel Wasser, je nach Temperatur und Sonneneinstrahlung am besten zweimal täglich. Ansonsten ziehen Obstbäume die Notbremse: Wird das Erdreich zu tro-

cken, werfen sie einen Großteil ihrer Früchte einfach ab. Damit Sie auch Ihren Sommerurlaub in Ruhe genießen können, heißt es, sich rechtzeitig nach einem Pflanzensitter (→ Seite 12) umzusehen, der während Ihrer Abwesenheit zuverlässig die Versorgung Ihres Cityobstgartens übernimmt. Sie können sich und Ihrer Urlaubsvertretung aber auch die Arbeit erleichtern, indem Sie ein automatisches Bewässerungssystem (→ Seite 31) anlegen. Planen Sie jedoch genug Zeit dafür ein; schließlich soll ja alles reibungslos funktionieren, ehe die wirklich heißen Tage kommen oder Sie zu Ihrer Reise aufbrechen. Außerdem bleibt Ihnen so genug Zeit, um die Wasserzufuhr den Bedürfnissen Ihrer Pflanzen anzupassen. Erst wenn diese optimal versorgt sind, kann sich der Cityobstgärtner entspannt im Liegestuhl zurücklehnen!

SCHUTZ VOR WETTEREXTREMEN

Pralle Sonne, extreme Hitze und Trockenheit – mit diesen Bedingungen kommen nur wenige Pflanzen klar und keinesfalls solche, die reichlich Früchte bringen sollen. Schattenspender wie Markise oder Sonnenschirm sollten auf dem Cityobstbalkon also besser vorhanden sein. Diese schützen zugleich vor dem anderen Extrem, nämlich vor sintflutartigen Regenschauern, die Töpfe, Kästen und Kübel samt Inhalt im Nu vollständig unter Wasser setzen.

Drohen schwere Unwetter mit orkanartigen Böen, gilt es, Bäumchen, Kübel und Kästen in Sicherheit zu bringen oder sicher zu fixieren, erst recht, falls Sie Ihre Balkonbrüstung um verschiedene Stellflächen erweitert haben (→ Seite 11). Es muss in jedem Falle sicher gewährleistet sein, dass Töpfe, Kübel und Kästen nicht vom Balkon herabstürzen können. Außerdem wäre es doch zu schade, wenn ihre reich mit Früchten behangenen Bäumchen umgeweht werden und dabei Schaden nehmen.

DÜNGUNG AUF DIE WACHSTUMS-PHASE EINSTELLEN

Für die Grundausstattung mit Nährstoffen haben Sie ja bereits im Frühjahr gesorgt, indem Sie das Substrat mit unverbrauchter Erde, Kompost oder Langzeitdünger aufgefrischt haben (→ Seite 137). Während der Vegetationsperiode, also von Austrieb und Blüte bis zu Ernte und Blattfall, ist es jedoch wichtig, dass Sie Ihre Zöglinge konsequent einmal wöchentlich mit zusätzlichen Düngergaben versorgen. Schließlich haben ja gerade Topfpflanzen nicht allzu viel Erde als Speicher zur Verfügung. Blüte, Fruchtansatz und Fruchtentwicklung können jedoch sowohl durch ein Zuwenig als auch durch ein Zuviel an Dünger beeinträchtigt werden. Darum handelsübliche Dünger, ob flüssig oder fest, genau nach Packungsanweisung anwenden oder Naturdünger wie ab Seite 34 beschrieben einsetzen. Erst im Spätsommer, wenn die meisten Ihrer Zöglinge bereits voll ausgebildete Früchte tragen, stellen Sie die kräftige Düngung allmählich ein, denn die Pflanzen sollen zum Winter hin nicht weiter austreiben. Junge Triebe haben dem Frost nur wenig entgegenzusetzen, zudem benötigen Obstgehölze auch Ruhephasen.

Obstgewächse in Gefäßen sind besonders im Sommer auf eine gute Versorgung mit Wasser und Nährstoffen angewiesen.

Achtung ansteckend: Von Mehltau, befallene Pflanzenteile müssen umgehend entfernt und im Restmüll entsorgt werden. Die Schere im Anschluss gründlich säubern.

Wer gut ausgereiftes Obst ernten möchte, sollte die Fruchtansätze ausdünnen. Bei zu viel des Guten kann der Baum die Früchte nicht mehr optimal versorgen.

GESUNDHEITS-CHECK

Wie im Frühjahr gilt es auch im Sommer, auf Blattkrankheiten und Schädlinge zu achten. Nicht umsonst wird der Echte Mehltau als Schönwetterpilz bezeichnet, wie auch manche der ungebetenen Gäste nun zu Höchstform auflaufen und die Pflanzen in Scharen heimsuchen. Hier helfen nur ein wachsames Auge und die bereits für den Frühling genannten Maßnahmen (→ Seite 139).

Welke und kranke Pflanzenteile entfernen

Warum welke Blätter und Pflanzenteile entfernen, wenn diese ohnehin von selbst abfallen? Ganz einfach: Wenn Sie das Ausschneiden der Pflanzen regelmäßig in Ihre Pflegeroutine mit einbinden, werden Sie mit schön wachsenden und gut aussehenden Pflanzen belohnt. Bei Blumen sorgt der Säuberungsschnitt zudem für den Ansatz frischer, junger Triebe mit neuen Blüten, sodass sich dieser kleine Aufwand auf jeden Fall bezahlt macht. Die

abgeblühten Blüten der Obstgehölze aber unbedingt belassen, denn daraus entwickeln sich ja schließlich die Früchte.

Weniger aus optischen Gründen, sondern als Vorbeugemaßnahme sind Blätter mit typischen Krankheitserscheinungen (Mehltau, Spinnmilben etc.) so schnell wie möglich zu entfernen. Diese jedoch unbedingt im Restmüll und keinesfalls im Kompost oder in der Biotonne entsorgen, da sich die Erreger dort unter günstigen Bedingungen prima ausbreiten können. Nach dem Ausschneiden die Schere gründlich mit einer Essig-Wasser-Mischung spülen und gut trocknen lassen, sonst verschleppen Sie die Krankheit.

Den Fruchtansatz im Auge behalten

Stein- oder Kernobstbäumchen erfreuen unser Auge im Frühjahr oftmals mit überreicher Blüte. Nicht alle der unzähligen Blüten reifen jedoch zu Früchten heran. Zum einen braucht es dazu den richtigen Bestäuber (zumindest bei nicht selbstfruchtenden Pflanzen), zum anderen haben nur die am kräftigsten entwickelten Fruchtansätze die Chance, zur vollen Größe heranzureifen. Die schwächeren wirft das Bäumchen ab. Dieser sogenannte Junifruchtfall entspricht einer natürlichen Auslese. Der Baum trennt sich von überzähligen Früchten, zu deren Ernährung er nicht genügend Ressourcen hätte. Bei diesem Vorgang können Sie ihn beizeiten unterstützen:

- *Lassen Sie zunächst die Fruchtansätze, die zumeist kleine Gruppen bilden, stehen.*
- *Sobald diese etwas gewachsen sind und an Volumen zugenommen haben, können Sie gut erkennen, welche Fruchtansätze stärker ausgebildet sind und welche eher kümmerlich wachsen. Dann können Sie mit dem Auslichten beginnen.*
- *Schneiden Sie – auch wenn es wehtut – etwa die Hälfte der Fruchtstände weg, und zwar jene, die am schwächsten ausgebildet sind. Damit bringt der Baum zwar weniger, aber deutlich besser entwickelte Früchte zur Reife.*

Im letzten Jahr hatte ich von meiner Nachbarin einen Säulenapfel Ballerina 'Polka®' geschenkt bekommen. Obwohl es sich dabei um eine Sorte handelt, die einen Befruchter benötigt, hatte das Bäumchen bei ihr im Jahr zuvor schon reichlich Früchte getragen, wohl weil in unmittelbarer Nachbarschaft ein riesengroßer Apfelbaum steht. Seit dem letzten Winter steht das Apfelbäumchen nun auf meinem Balkon. Im Frühjahr waren etliche Blüten vorhanden, doch die Bienen haben es wohl nicht von dem Apfelbaum bis zu meinem Balkon geschafft, der etwa 10 m weiter von dem großen Apfelbaum entfernt ist als der der Nachbarin. Das Ergebnis: In diesem Jahr trägt das Bäumchen einen einzigen Apfel, alle anderen Blüten haben sich nicht weiterentwickelt, da offensichtlich keine Bestäubung stattgefunden hat. Die Moral von der Geschichte: Auch wenn Ihre Obstbäumchen im Frühjahr etliche Blüten anset-

zen, so ist dadurch noch keine reichliche Ernte garantiert. Bei nicht selbstfruchtenden Sorten kommt es immer auch darauf an, ob auch wirklich eine ausreichende Bestäubung erfolgt. Darum mit dem Herausschneiden eventuell zu reichlicher Fruchtansätze immer so lange warten, bis gut erkennbar ist, welche Blüte sich auch tatsächlich zu einer Frucht entwickelt.

Was nun meine Ballerina 'Polka®' betrifft: Inzwischen habe ich das Problem behoben und ein zweites Apfelbäumchen als Bestäuber angeschafft. So bin ich guter Dinge, dass ich in den nächsten Jahren gute Ernten erzielen kann!

KRÄUTER VERMEHREN

Jetzt, im Frühsommer, ist die beste Gelegenheit: Mehrjährige Kräuter mit verholzenden Trieben wie zum Beispiel Rosmarin, Salbei, Thymian oder Lavendel lassen sich gut durch Stecklinge vermehren, Kräuter mit Wurzelstock wie Minze oder Oregano durch Teilung:

- **Stecklinge:** Suchen Sie sich junge Triebe, die nur leicht verholzt und 8–10 cm lang sind. Diese abschneiden, im unteren Drittel von Blättern befreien und die Triebe dann bis zum Blattansatz in kleine Töpfe mit Aussaat- oder Kräutererde stecken. Die Erde rundherum sacht andrücken und angießen. Bis die Stecklinge angewurzelt haben, das Substrat immer leicht feucht halten.
- **Teilung:** Die Pflanze austopfen und den Wurzelballen behutsam auseinanderziehen. Bei Bedarf mit der Gartenschere nachhelfen. Die Teilstücke dann jeweils in ein eigenes Gefäß umtopfen und gut angießen. Ein Rückschnitt erleichtert das Anwachsen.

ERNTEKALENDER
Obstgarten

Die Ernte Ihrer Früchte ist ganz unterschiedlich und oftmals davon abhängig, welche Sorte Sie gewählt haben. Nachfolgend erhalten Sie eine grobe Übersicht darüber, welche Obstart in welchen Monaten erntereif ist. Diese Angaben beziehen sich auf die im Buch vorgestellten Gewächse und können daher zu anderen Sorten unterschiedlich sein.

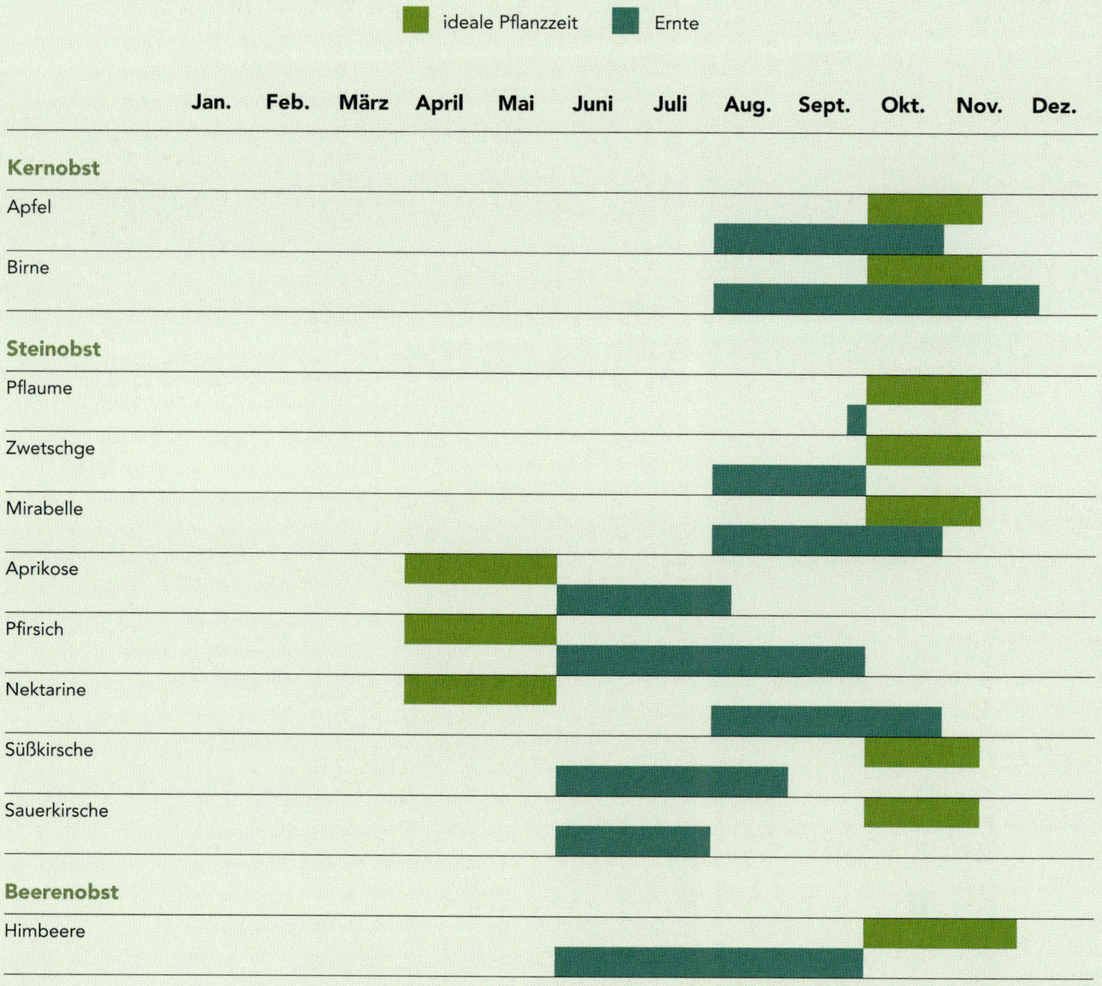

■ ideale Pflanzzeit   ■ Ernte

	Jan.	Feb.	März	April	Mai	Juni	Juli	Aug.	Sept.	Okt.	Nov.	Dez.

Kernobst

| Apfel | | | | | | | | Ernte | Ernte | Pflanzzeit | Pflanzzeit | |
| Birne | | | | | | | | Ernte | Ernte | Pflanzzeit | Ernte | Ernte |

Steinobst

Pflaume										Pflanzzeit	Pflanzzeit	
Zwetschge								Ernte	Ernte	Pflanzzeit	Pflanzzeit	
Mirabelle								Ernte	Ernte	Pflanzzeit	Pflanzzeit	
Aprikose			Pflanzzeit	Pflanzzeit		Ernte	Ernte	Ernte				
Pfirsich			Pflanzzeit	Pflanzzeit		Ernte	Ernte	Ernte				
Nektarine			Pflanzzeit	Pflanzzeit		Ernte	Ernte	Ernte				
Süßkirsche						Ernte	Ernte			Pflanzzeit	Pflanzzeit	
Sauerkirsche						Ernte	Ernte			Pflanzzeit	Pflanzzeit	

Beerenobst

| Himbeere | | | | | | | | | | Pflanzzeit | Pflanzzeit | |
| | | | | | Ernte | Ernte | Ernte | Ernte | Ernte | | | |

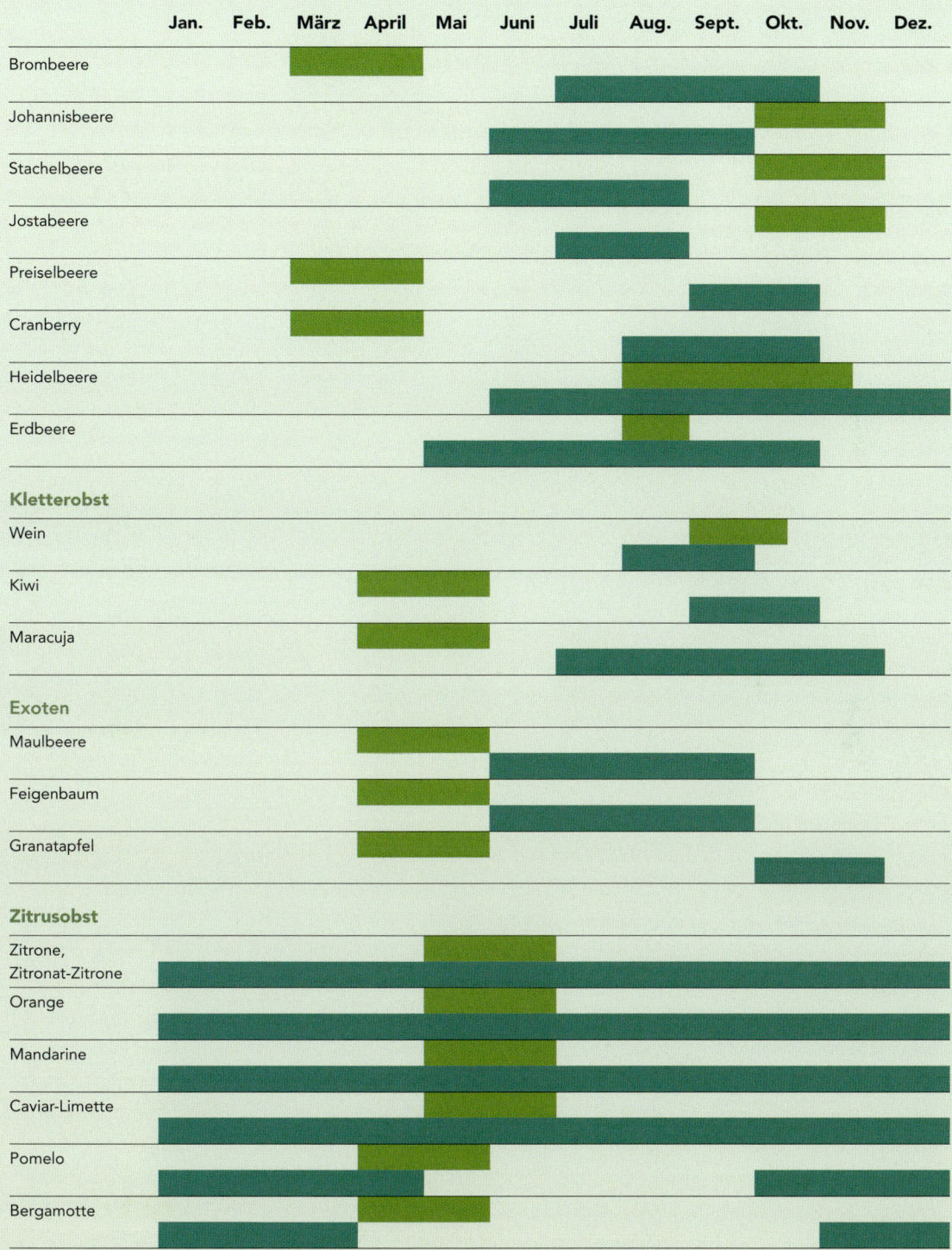

	Jan.	Feb.	März	April	Mai	Juni	Juli	Aug.	Sept.	Okt.	Nov.	Dez.
Brombeere												
Johannisbeere												
Stachelbeere												
Jostabeere												
Preiselbeere												
Cranberry												
Heidelbeere												
Erdbeere												

Kletterobst

Wein												
Kiwi												
Maracuja												

Exoten

Maulbeere												
Feigenbaum												
Granatapfel												

Zitrusobst

Zitrone, Zitronat-Zitrone												
Orange												
Mandarine												
Caviar-Limette												
Pomelo												
Bergamotte												

HERBSTZEIT

Reife Früchte, bunte Blätter und goldene Herbsttage – die Natur fährt auf zum großen Finale. Für Cityobstgärtner ist aber noch längst keine Zeit für Müßiggang: Die letzten Früchte wollen geerntet und die Pflanzen auf den Winter vorbereitet werden!

Die heißen Tage sind vorbei, es wird früher dunkel und das Laub der Bäume verfärbt sich langsam in die wunderschönen Farben des Herbstes. In der Natur reifen die letzten Früchte und Nüsse, die Weintraubenlese ist im vollen Gange und im Cityobstgarten können nun Äpfel und Birnen, aber auch die späten Pflaumen- und Zwetschgensorten geerntet werden. Mit abnehmender Tageslänge und Temperatur bereiten sich die Pflanzen auf die Winterruhe vor. Doch zuvor dürfen Sie noch einmal aktiv werden! Denn zum Ende der Saison steht das große Aufräumen an!

OBSTBÄUMCHEN IM HERBST

Auch wenn sich die Vegetationsphase ihrem Ende nähert, sind jetzt im Herbst noch letzte Düngergaben angebracht. Denn die Obstbäumchen lagern nun Stoffe ein, die zur Abwehr von Krankheiten und für die Winterhärte notwendig sind. Falls Sie kommerzielle Düngemittel verwenden, sollten Sie sich hinsichtlich Dosierung und Anwendung unbedingt an die Angaben auf der Verpackung halten. Nicht jeder Volldünger ist auch im Herbst als Pflanzennahrung geeignet. Eine ideale Nährstoffversorgung ist durch die Gabe von Kompost gewährleistet. Verwöhnen Sie Ihre Obstbäumchen mit einem Gemisch aus frischer Erde und Kompost, alternativ zu Kompost können auch Hornspäne zum Einsatz kommen. Die

Dünger- oder Kompostgaben sollten bis spätestens Anfang Oktober erfolgen.

Bei dieser Gelegenheit können Sie auch gleich überprüfen, ob bei Ihren Obstgehölzen alle Triebe richtig wachsen. Solche, die parallel angeordnet sind oder sich zur Mitte ausrichten, entfernen Sie mit einer scharfen Gartenschere. Der eigentliche Rückschnitt erfolgt aber erst im Spätwinter oder beginnenden Frühjahr (→ Seite 47).

ERDBEERPFLANZEN IM HERBST

Erdbeerpflanzen versorgen uns idealerweise drei Jahre lang mit süßen Früchten. Die Blüten werden bereits im Herbst angesetzt. Darum darf im Herbst kein kompletter Rückschnitt erfolgen. Das sogenannte »Säubern« von Erdbeeren, bei dem zum Schutz vor Blattkrankheiten das Laub abgeernteter Pflanzen ganz zurückgeschnitten wird, sollte vielmehr möglichst zeitnah nach der Ernte und spätestens Mitte bis Ende Juli erfolgen. Dabei aber unbedingt »das Herz« der Pflanze schonen, da diese sonst im kommenden Frühjahr nicht neu austreiben kann. Bei mehrfach oder spättragenden Sorten muss der Rückschnitt des Laubs ganz unterbleiben, da die verbleibende Vegetationszeit zu kurz ist, als dass sich neue Blätter und Blüten bilden könnten. Ende August, spätestens Anfang September gibt man ein letztes Mal einen Volldünger nach Packungsangabe in das Erdreich, damit die Erdbeerpflanzen auch über die kalte Jahreszeit hinweg mit Nährstoffen versorgt sind. Jetzt ist auch der richtige Zeitpunkt, um neue Erdbeerpflanzen einzutopfen. So bleibt ihnen noch genug Zeit, einzuwurzeln und Blüten anzusetzen, um dann im Folgejahr reichlich zu tragen.

BEERENSTRÄUCHER IM HERBST

Himbeeren und Brombeeren werden im Herbst zurückgeschnitten. Ob Sommer- oder Herbsthimbeere – wer sich an die Faustregel hält, dass nur abgeerntete Ruten bis zum Boden zurückgeschnitten werden und alle anderen stehen bleiben, liegt bei diesen Beerensträuchern immer richtig (→ Seite 48). Bei Johannisbeeren, Jostabeeren und Stachelbeeren erfolgt der Rückschnitt dagegen erst im Frühjahr (→ Seite 48 ff.), im Herbst werden allenfalls dürre Äste herausgeschnitten. Falls Heidelbeer- oder Preiselbeersträucher sich zu üppig ausgebreitet haben, können Sie die Zwergsträucher schon im Herbst etwas einkürzen, das schadet den Pflanzen nicht. Totholz wird komplett entfernt. Als Totholz werden dürre Äste und Zweige bezeichnet, an denen keine Blätter mehr nachwachsen. Letzte Sicherheit gibt ein Probeschnitt, bei dem ein kleines Stückchen von dem Zweig abgeschnitten wird. Ist der Anschnitt innen noch grün, darf der Ast bleiben, ist er braun, ausgetrocknet und verdorrt, dann handelt es sich um Totholz, das in diesem Fall wegkann.

BEGLEITPFLANZEN IM HERBST

Mehrjährige Blühpflanzen (→ Seite 103), wie die schon zuvor erwähnte Hängepolsterglockenblume *Campanula poscharskyana* (→ Seite 113), können Sie im Herbst bis etwa 10 cm über der Erde abschneiden, sie treiben im kommenden Frühjahr erneut aus. Jetzt ist auch die beste Zeit, Blumenzwiebeln (→ Seite 104) in die Gefäße einzusetzen, falls Sie Ihre Obstbäumchen mit ein paar leuchtenden Frühlingsboten unterpflanzen möchten.

FRISCH VOM BAUM

Frisches, knackiges Obst mit vollem Aroma statt vorzeitig geernteter und im Kühlhaus gereifter, fader Früchte – das ist der Genussvorteil von Cityobst. Damit Sie diesen voll ausschöpfen können, gilt es, den richtigen Erntezeitpunkt zu kennen. Zu früh geerntete Früchte sind hart und schmecken noch sauer oder fade, überreifes Obst lässt sich weniger gut lagern. Zu welcher Zeit es in etwa spannend wird, verraten die Angaben zur Pflückreife in der jeweiligen Sortenbeschreibung. Darüber hinaus helfen folgende Hinweise:

- *Äpfel und Birnen:* Die Früchte leicht anheben und drehen – wenn sich der Stiel nahezu von selbst vom Zweig löst, haben Sie den richtigen Zeitpunkt zur Ernte erwischt.
- *Pflaumen und Zwetschgen:* Die Früchte sind pflückreif, wenn das Fruchtfleisch auf Druck leicht nachgibt, die Schale aber noch prall und fest ist. Wichtig zu wissen: Pflaumen und Zwetschgen reifen nicht alle zur gleichen Zeit, darum lohnt es zu überprüfen, welches Exemplar gerade jetzt am besten zum Vernaschen ist.
- *Pfirsiche und Nektarinen:* Die optimale Reife ist erreicht, wenn die Früchte vom Bäumchen fallen. Allerdings gibt das dicke Druckstellen. Besser, Sie überprüfen vorher, ob das Fruchtfleisch weich wird (Druckprobe) und die Schale die sortentypische Farbe angenommen hat.

Eine frische Mulchschicht aus Pinienrinde schützt in der kalten Jahreszeit die Wurzeln der Pflanze und erspart übers Jahr zudem einiges an Gießarbeit.

WINTERSCHUTZ
für den Cityobstgarten

In der kalten Jahreszeit legen die Pflanzen in der Natur wie auch im Topfgarten eine Ruhephase ein. Nicht aber der Gärtner: Schließlich sind spätestens vor dem ersten Frost Maßnahmen für den Winterschutz angesagt. Und auch sonst müssen Sie ab und an ran.

Während in unserer Region – ich wohne mitten im Ruhrgebiet – der Winter oft mild und sogar mit niedrigen Plusgraden daherkommt, geht diese Jahreszeit in anderen Gegenden manchmal schon zu Beginn mit Temperaturen im zweistelligen Minusbereich einher. Vielleicht ist die Landschaft ja mancherorts schon mit einer wunderschönen Schneedecke überzogen? Höchste Zeit, die warmen Klamotten nach der Sommerpause wieder hervorzuholen, damit man dick eingepackt die kalte, aber auch sehr schöne Winterzeit genießen kann. Das Gleiche gilt auch für unser Cityobstgärtchen – eine warme Winterbekleidung für unsere Pflanzen muss her! Schließlich sind die Wurzeln von Obstbäumchen und Beerenobst in

Kübeln nicht so reichhaltig in Erde eingebettet wie in freier Natur. Darum müssen bei unseren Balkonbewohnern geeignete Maßnahmen ergriffen werden, damit sie die je nach Region doch sehr kalte Winterzeit gut überstehen und vor Frost geschützt sind. Hierzu gibt es verschiedene Möglichkeiten, welche Sie nutzen, hängt davon ab, wie viel Platz Sie zur Verfügung haben und ob vielleicht sogar ein geschützter Unterstand für Ihre Pflanzen vorhanden ist. Neben Luftpolsterfolien, Schilfrohr- und Jutematten können Sie mit etwas Fantasie und Geschick auch gut preiswertere Hilfsmittel der Marke Eigenbau nutzen.

EIN GESCHÜTZTES PLÄTZCHEN

Der Winterschutz hat die Aufgabe, die Pflanzen vor Frost und zu viel Nässe, vor eisigen Winden und austrocknender Wintersonne zu bewahren. Die einfachste Maßnahme zu diesem Zweck besteht darin, Kästen und Kübel an eine windgeschützte, vorzugsweise überdachte Stelle auf Balkon oder Terrasse zu bringen und dort dicht aneinandergereiht auf eine Styroporplatte (ca. 10 cm dick) zu stellen. Zusammen friert man einfach weniger und mit einer Isolierschicht nach unten bleiben die Füße warm. Für zusätzlichen Schutz sorgen kleine Stapel alter Zeitungen zwi-

Mulchscheiben aus Kokosfaser leisten nicht nur als Winterschutz gute Dienste: Das Substrat bleibt ganzjährig locker, feucht und frei von Beikräutern.

Vor dem ersten Frost wird alles warm eingepackt: Die Wurzeln schützt eine Juteschicht unterlagert mit Luftpolsterfolie, die oberirdischen Pflanzenteile eine mehrlagige Hülle aus Vlies.

schen den Töpfen. Dicke Lagen aus Zeitungspapier, gefaltete Kartonagen oder gar Korkuntersetzer aus der Küche sind zudem geeignete Alternativen zur Styroporplatte. Auch sie schirmen die Kälte von unten zuverlässig ab.

WARM EINGEPACKT

Bei richtig kalten Wintern sind noch weitere Maßnahmen angeraten, um die Pflanzenwurzeln vor dem Erfrieren zu schützen. So können Sie beispielsweise die Zwischenräume zwischen Pflanzgefäß und Übertopf mit zerknülltem Zeitungspapier, altem Packpapier oder auch Stroh ausfüllen – je mehr, desto besser. Holzwolle und Blähton bieten auch eine wirkungsvolle Dämmung, beides ist aber nicht unbedingt preiswert. Bei Pflanzen, die nicht in einem Übertopf stehen, hilft es, die Kübel von außen mit einer alten, dicken Wolldecke oder mehreren Lagen Jute zu umwickeln. Jute ist im Handel sogar in verschiedenen Farben erhältlich, mit etwas Geschick kann diese Art von Winterschutz sogar sehr dekorativ gestaltet werden. Für die passende Fixierung sorgen breite Bänder, gleichfalls aus Jute.

GUT ZUGEDECKT

Eine dicke Mulchschicht bewährt sich immer wieder: Im Sommer sorgt sie dafür, dass das Substrat nicht so rasch austrocknet, im Winter schützt sie die Wurzeln vor Frost. Ob Erdbeeren, Beerensträucher oder Obstbäumchen: Decken Sie die Erdoberfläche in den Töpfen spätestens vor dem ersten Frost mit geeignetem Mulchmaterial ab. Blähton und Kokosfaserscheiben bieten den Vorteil, dass Sie diese Materialien auch im Sommer verwenden können. Weiterhin lassen sich Holzwolle, Kokosfasermatten oder Stroh sehr gut zu diesem Zweck verwenden.

SCHUTZ VOR ZU VIEL NÄSSE

Doch was tun, wenn ein schützender Unterstand auf Balkon und Terrasse fehlt oder die Pflanzen einfach schon zu groß und schwer sind, um sie mal eben in Sicherheit zu bringen? In niederschlagsreichen Wintern sollte die Pflanze vor zu viel Nässe geschützt werden. Dies gelingt beispielsweise mit einem großen Müllsack, den Sie an einer langen und an der kurzen Seite aufschneiden, sodass Sie eine Fläche in doppelter

Zwischen kleine Töpfe kommt zum Schutz vor Frost Holzwolle, Stroh, Zeitungspapier oder anderes isolierendes Material.

Größe erhalten. Schneiden Sie diese nun noch von einer Seite zur Mitte hin ein, sodass Sie die Plastikfolie wie eine Art Cape um den Stamm legen und Mulchschicht sowie Pflanzerde damit komplett abdecken können. Die Schnittstellen verschließen oder zukleben, damit dort kein Regenwasser eindringt, sondern vom Kübel weggeleitet wird. Dazu muss die Folie natürlich über den Kübelrand hinausgehen. Bitte auch darauf achten, dass trotz der Folie noch genügend Luft an die Erde gelangt, ansonsten besteht die Gefahr der Schimmelbildung. Bei sonnigem Wetter die Folie eventuell etwas lüften, damit darunter kein Treibhauseffekt entsteht – auch das wäre nicht gut für die Pflanzen, da sie dann vorzeitig austreiben.

WINTERMÄNTEL FÜR DIE GROSSEN

Sollte es bitterkalt werden, reicht der Schutz der Wurzeln allerdings nicht aus. Dann brauchen Ihre Bäumchen und Sträucher einen wärmenden Mantel. Geeignete Materialien sind Tannenzweige, Reisig, Schilfrohr-, Heidekraut- oder Jutematten. Vlies hingegen ist weniger empfehlenswert, es sei denn, Sie wickeln die Bahnen gleich in

mehreren Lagen um Ihre Pflanzen. Andernfalls ist das Material zu dünn, um ausreichend Schutz gegen schärfere Minusgrade zu bieten. Man verwendet es eher im Herbst oder Frühjahr, um die ersten bzw. letzten Fröste abzufedern.

Vorsicht ist geboten, wenn trotz klirrender Kälte und eisiger Temperaturen viel Sonnenschein auf die Gewächse fällt. Dann je nach Sonneneinstrahlung die Wintermäntel öffnen oder anderweitig für Luft sorgen, damit kein Treibhauseffekt entsteht, denn das könnte zur Folge haben, dass die Gewächse aufgrund der anhaltend angenehm warmen Temperaturen anfangen auszutreiben.

Do it yourself: Einzelquartier

Falls Sie nur einen kleineren Topf umhüllen wollen, leistet ein stabiler Müllsack (möglichst mit Zugband) gute Dienste. Stellen Sie die Pflanze samt Kübel hinein und füllen Sie anschließend alle Zwischenräume mit zusammengeknülltem

Zeitungspapier, Holzwolle, Stroh oder anderen Isoliermaterialien aus. Dann die Pflanzenerde, wie bereits beschrieben, mit Mulchmaterial bedecken und den Müllsack auf Höhe des Stammes, bei Sträuchern oberhalb der Pflanze mit dem Zugband zusammenziehen. Dabei darauf achten, dass Ihr Zögling noch genug Sauerstoff abbekommt und kein Treibhauseffekt entsteht. Wenn es bitterkalt ist, können Sie bei Stämmchen oder Säulenobst einen weiteren Müllsack von oben überstülpen, sodass auch der Kronenbereich geschützt ist. Der so verpackte Kübel samt Pflanze kommt dann wiederum auf eine isloierende Unterlage.

Do it yourself: Sammelquartier

Sie können auch mehrere Pflanzen zusammen in einen Sack packen. Für diesen Zweck ideal sind zum Beispiel die stabilen, großen blauen Taschen eines bekannten Möbelhauses. Je nach Größe der Pflanzen passen zwei, manchmal auch drei Pflanzbehälter ohne Übertopf hinein. Stellen Sie die Tasche zunächst auf eine dicke Styroporplatte, dann die Töpfe in der Tasche platzieren und auch hier die Zwischenräume mit geeignetem Isoliermaterial auffüllen. Nun noch eine dicke Mulchschicht auf dem Substrat verteilen – fertig ist die Winterverpackung. Da der Beutel bei mehreren Pflanzen oben nicht zugezogen oder zusammengebunden werden kann, schützt dieser Mantel nur vor Kälte, nicht vor zu viel Nässe und ist darum nur für Pflanzen unter Dach geeignet.

Pflanzenschutzhülle

Wer es weniger improvisiert, sondern eher zweckgebunden mag, greift auf Pflanzenschutzhüllen mit Reißverschluss aus dem Fachhandel zurück. Diese sind gerade für größere Bäumchen einfach ideal. Je nach gewählter Größe passen aber auch mehrere Gewächse gleichzeitig unter diese Hülle. Die zuvor auf eine Styroporplatte verbrachten Pflanzen werden in diesen Mantel eingehüllt,

dann nur noch den Reißverschluss zuziehen und schon sind Ihre Schützlinge vor Kälte, Wind und Schnee sicher. Zum Schutz des Kronenbereichs empfiehlt es sich, vorab mehrere hohe Bambusstäbe in die Erde der Kübel zu stecken. So liegt die Hülle den Stäben auf und nicht den Bäumchen. Die Luftzufuhr lässt sich problemlos über den Reißverschluss regeln: Je nach Witterung können Sie diesen etwas mehr öffnen oder schließen. Sollte es extrem kalt werden, kann man noch eine alte Decke um die Kübel wickeln, sodass die Behälter dadurch noch besser geschützt sind.

ÜBERWINTERN VON ERDBEEREN

Klettererdbeeren oder Hängeerdbeeren sollten den Winter auf jeden Fall an einem geschützten Ort verbringen, bei sehr kalten Temperaturen hilft es, die Pflanzen zusätzlich mit etwas Tannenreisig zu ummanteln. So nehmen die Ranken am wenigsten Schaden. Und dann noch ein Tipp im Sinne der Nachhaltigkeit: Manche Online-Anbieter liefern die bestellten Pflanzen in Stroh eingebettet. Wohl dem, der Stroh und Verpackungsmaterial nicht entsorgt, sondern den Sommer über an einem trockenen Ort verstaut. Jetzt ist die Zeit, Aufbewahrtes wieder hervorzukramen, denn Sie können diese Kartons zum Überwintern Ihrer Erdbeeren oder anderer Pflanzen nutzen: Ein Teil des Strohs bleibt unten im Verpackungskarton, obenauf stellen Sie die Pflanzgefäße und füllen auch die Zwischenräume mit dem mitgelieferten Stroh aus. Bei rankenden Sorten können Sie nun die Ausläufer wunderbar auf dem Stroh ausbreiten und mit einer weiteren Lage abdecken. Dann noch ein bisschen Stroh als Mulchschicht auf die Erdoberfläche in den Töpfen und schon haben Sie einen optimalen Winterschutz für Ihre Erdbeerpflanzen. Diese Art der Verpackung ist aber nur sinnvoll, wenn die Pflanzen über den Winter im Trockenen (überdachter Balkon) stehen und keinem Regen oder Schnee ausgesetzt sind.

Tannen- oder Fichtenzweige zwischen die Äste winterharter Gewächse gesteckt sehen schön aus und schützen vor Frost.

GIESSEN IM WINTER

Sie haben sich viel Mühe gegeben, Ihre Balkonpflanzen nicht nur vor Kälte, sondern auch vor zu viel Nässe zu bewahren. Nun gilt es allerdings auch darauf zu achten, dass das Erdreich in den Kübeln und Kästen nicht zu trocken wird. In den meisten Fällen erfrieren die Pflanzen im Winter nicht, sie vertrocknen. Darum zwischendurch immer wieder die Fingerprobe machen und bei trockener Erde mit Bedacht gießen. Wählen Sie dazu frostfreie Tage und achten Sie darauf, nicht zu viel zu gießen. Dann lieber öfter wenig Wasser geben als zu viel auf einmal. Gerade im Winter sind Pflanzen empfindlich gegenüber Staunässe.

AB INS WINTERQUARTIER

Wer sich auf seinem Balkon oder der Terrasse auch an Zitrusbäumchen (→ Seite 86) oder mehrjährigen Exoten (→ Seite 84) erfreut, muss diese beizeiten in ein geeignetes Winterquartier bringen. Die ideale Unterkunft ist hell und mäßig warm. Nur gut, wer einen Wintergarten oder ein kleines Gewächshaus (→ Seite 153) zur Verfügung hat. Alternativ gilt es, sich nach einem freien Platz in einem kühlen Zimmer, Keller, im Treppenhaus oder in einer Garage umzusehen.

Doch nicht immer sind ausreichend passende Standorte vorhanden. In diesem Fall halten Sie sich an die Regel: Immergrüne Pflanzen sollten grundsätzlich an einem hellen Ort überwintern, laubabwerfende Pflanzen kommen im Winter auch mit suboptimalen Bedingungen, also mit dunkleren Orten zurecht. Weiterhin ist darauf zu achten, dass sich während der Wintermonate keine Pflanzenkrankheiten breitmachen. Darum am besten schon vor dem Umzug ins Winterquartier entsprechend Vorsorge treffen:

- *Entfernen Sie kranke, erfrorene oder beschädigte Triebe. Bei Pflanzen, die an einem hellen Ort überwintern, hilft ein Rückschnitt, Platz zu sparen. Müssen sie dagegen an einem dunklen Ort ausharren, ist ein Rückschnitt nicht zu empfehlen, da dieser den Neuaustrieb anregt, bei wenig Licht aber nur lange, dünne und schwache Triebe, sogenannte Geiltriebe, ausgebildet werden. Dies gilt es zu vermeiden, besser, sie heben sich ihre Kraft für den Neuaustrieb im Frühjahr auf.*
- *Achten Sie darauf, keine Schädlinge oder Blattkrankheiten ins Winterquartier einzuschleppen. Darum eventuell vorhandene Läuse absammeln oder mit dem Zweig abschneiden und alte Blätter und Blüten von der Pflanzenerde entfernen.*
- *Die Pflanzen nicht zu dicht stellen. Gießen Sie sparsam, ohne die Erde austrocknen zu lassen. Außerdem das Winterquartier regelmäßig lüften und abgefallenes Laub sofort aufsammeln.*

WINTERQUARTIER
de luxe

Wer nicht jede Pflanze einzeln verpacken oder an einen geschützten Ort verbringen will, für den ist ein Folien-Gewächshaus genau das Richtige. Allerdings schützt dieses vor allem vor zu viel Nässe, scharfem Frost hat es dagegen nur wenig entgegenzusetzen!

Folien-Gewächshäuser lassen sich den Sommer über platzsparend aufbewahren, sind jedoch bei Bedarf schnell und einfach aufgebaut – das funktioniert ähnlich einem Zelt und klappt auch prima in Eigenregie, ganz ohne Hilfe vom Profi! Im Gegensatz zu ihren Verwandten in Glasbauweise bringen sie zudem nur wenig Gewicht auf die Waage, für Balkone mit begrenzter Traglast also eine geradezu ideale Lösung!

In den vergangenen Jahren habe ich mit Folien-Gewächshäusern nur gute Erfahrungen gemacht. Pflanzen, die darin überwintert haben, sind im Frühling in der Entwicklung schon etwas weiter als solche, die im Freien stehen und möglicherweise noch späteren Frösten ausgesetzt sind. Im Frühjahr können sich dann zu den überwinterten Mehrjährigen noch frostempfindliche, in der Stube vorgezogene Jungpflanzen dazugesellen. Über die Reißverschlusstür lässt sich auch wunderbar die Luftzirkulation regulieren.

Zugegeben – so ein Gewächshaus braucht durchaus seinen Platz, ein Mini-Balkon wäre damit schnell überfordert. Außerdem sind derlei Aufbauten nicht bei jedem Vermieter gerne gesehen. Bevor Sie sich also ein Folien-Gewächshaus zulegen, sollten Sie auf jeden Fall mit Ihrer Hausverwaltung Rücksprache halten. Mein Balkon liegt an der Rückseite des Hauses ohne Publikumsverkehr, den das Gewächshaus stören könnte.

WELCHES GEWÄCHSHAUS PASST?

Mein Gewächshaus ist 1,43 × 1,43 m groß und bietet so einigen Pflanzen Platz. Doch es muss nicht so üppig sein. Auf einem kleineren Balkon suchen auch weniger Pflanzen eine Unterkunft für den Winter. Damit Sie allerdings Säulenobst gut unterbringen können, sollte das Gewächshaus eine Firsthöhe von mindestens 180–200 cm haben. Sichern Sie das Gewächshaus sorgfältig mit langen starken Kabelbindern am Balkongeländer oder anderen Bauteilen ab, damit es sich auch bei starkem Wind nicht losreißen kann.

Folien-Gewächshäuser gibt es in verschiedensten Größen, kleinere Exemplare eignen sich gut als Winterquartier für den Balkon.

REGISTER

Die **halbfett** gesetzten Seitenzahlen verweisen auf Abbildungen

A

Aloe vera 119

Andenbeere 116

Apfelbaum (Pflanzvorschlag) 105

Apfelsorten 53, 54

Aprikosenbaum im Topf 107, 119

Aprikosensorten 60

Art 42

Aufgesetzter (Rezept) 113

Auswahlkriterien (Pflanzenkauf) 42

Auswintern 136

B

Balkonwelten 88

Bananenstaude 'Musa' 123

Bauerngartenbalkon 102

Beerenbalkon 108

Beerenbrause 93

Beerenobst 46, 66, 91, 108, 146

– schneiden 48

Bepflanzung planen 9, 13, 42

Bergamotte 'Fantastico' 87

Bewässerungssysteme 12, 30, 31

Birnenbaum (Pflanzvorschlag) 105

Birnensorten 56

Blähton 19, 29

Blattkrankheiten 23, 139

Blühpflanzen (Unterpflanzung) 103, 146

Blüteneiswürfel 93

Borretsch 128

Brennnesselsud 37, 38

Brombeeren 48, 72, 108

Brombeersorten 72

Buchweizen 128

C

Campanula poscharskyana 113

Caviar-Limette 'Cavi Lime®' 87, 125

Chlorose 23, 139

Containerpflanzen 24

Cranberrys 78, 79, 109, 117

D

Drainage 27

Duftveilchen 93

Düngen 27, 32, 141, 146

Düngerarten 33

Duo-Obstbäume 44

E

Eberesche 127

Einkaufsliste 13

Eisen 33

Erdbeerbalkon 94

Erdbeeren 82, 83, 91, 94, 146, 151

Erdbeerpartner 97

Erdbeersorten 83

Erdbeerturm 94, 96

Erntekalender 144

Erntezeitpunkt 144, 146

Etagenanbau 12

Exoten 84, 85

Exotenbalkon 122

F

Feigenbaum 85, 119

Feuerdorn Pyracantha 127

Florfliegen-Larven 39

Flüssigdünger 33

Folien-Gewächshaus 153

Fruchtansätze ausdünnen 142

Fußstamm 43

G

Gartenpraxis 136

Gartenschere 16

Gießen 30, 140, 152

Gießkanne 16

Goji-Beere 115

Granatapfel 85

Guano 36

H

Halbschatten-Beerenbalkon 111

Halbstamm 43

Hängeerdbeeren 83, 96

Hängepolsterglockenblume 113, 129, 147

Heidelbeeren 48, 78, 109, 117

Heidelbeersorten 80, 81

Heliotrop 125

Himbeeren 48, 70, 108

Himbeer-Sorbet (Rezept) 113

Himbeersorten 70, 71

Hochstamm 43

Holunder 115

Holzgefäße 20

Horngurke 46

Hornspäne 36

Hühnermist 36

I

Insekten-Nisthilfe 129

Insektentränke 129

Insektenweide 128
Ipomea batatas 125

J

Johannisbeeren 46, 48, 49, 76
Johannisbeersorten 76, 77
Jostabeere 76, 77, 109
Junifruchtfall 143

K

Kaffeeaufguss 39
Kalium 33
– -mangel 139
Kapuzinerkresse 128
Kernobst 52, 92
Kies 19, 29
Kirschbaum (Pflanzvorschlag) 106
Kiwano 46
Kiwi 46, 51, 99, 100, 101, 123
Kiwisorten 85
Kleingeräte-Set 16
Klettererdbeeren 83, 96
Kletterobst 46
Kokosfasermatten 16, 29
Kompost 19, 35
Kräuter 119, 121, 125
– Superfood 117
– Unterpflanzung 104, 117
– vermehren 143
Kunststoffbehälter 20

L

Langzeitdünger 33
Lavamulch 29
Lehm 19
Lichtverhältnisse 8

M

Magnesium 33
– -mangel 139
Mandelbäumchen 60, 119
Maracuja 85, 100, 125
Marienkäfer-Larven 39
Maulbeere 85, 123
Mediterranes Feeling (Balkonwelt) 118
Meisenknödel selber machen 131
Melonenbirne 84, 119, 123
Mini-Hochbeete 21
Mini-Wassermelone 84, 119
Minze 93
Mirabellenbaum (Pflanzvorschlag) 107
Mirabellensorten 58
Mist 35
Moorbeet-Beerenbalkon 112
Mulchen 28, 149

N

Nagerwiese 102
Nährstoffbedarf 32
Nährstoffmangel 23, 139
Naschbalkon für Kinder 90
Nektarinenbaum (Pflanzvorschlag) 119
Nektarinensorten 61
Nistkästen 133

O

Obstgartenpraxis
– im Frühjahr 136
– im Herbst 146
– im Sommer 140
– im Winter 148

Obstgewächse
– auswählen 42
– kaufen 22
– schneiden 47

P

Passionsblume, -frucht 85, 100
Paul Potato 94
Pferdemist 36
Pfirsich (Pflanzvorschlag) 119
Pfirsichsorten 62
Pflanzenerde 17
– auffrischen 136
– austauschen 136, 137
– recyceln 19
Pflanzenkauf
– Auswahlkriterien 42
– gesunde Pflanzen erkennen 22
Pflanzenschutz, natürlicher 37
Pflanzenschutzhülle 151
Pflanzensitter 12
Pflanzgefäße 20
Pflanzstecher 16
Pflanzsysteme, vertikale 10
Pflanztaschen 10, 95
Pflanzung
– Containerware 24
– Wurzelnackte 26
Pflaumenbaum (Pflanzvorschlag) 106
Pflaumensorten 58
Phosphor 33
– -mangel 139
Physalis 84, 116, 123
Pilzbefall 23
Pinienrinde 28
Platzangebot
– abschätzen 9
– erweitern 10

Pointilla-Beeren 115

Pomelo ´Citrus grandis' 87

Preiselbeeren 49, 78, 109

Preiselbeersorten 79

Pyracantha 127

Q

Quattro-Himbeere 109

R

Rapsöl 38

Rhodochiton atrosanguineus 125

Rindenmulch 19, 28

Rindermist 36

Ringelblumen 92, 128

Rosenkelch 125

Roter Holunder 127

S

Sägespäne 19

Salat (Unterpflanzung) 104

Sambucus racemosa 127

Sand 19

Sanddorn 115

Säuberungsschnitt 142

Sauerkirschensorten 65

Säulenobstbäumchen 43,
   98

– schneiden 48

Schädlingsbefall 23, 139

Schneebeere 127

Schnitt, richtiger 47

selbstfruchtend 44

Sichtschutz 45, 98

Sissi Strawberry 95

Sonnenanbeter-Beerenbalkon
   110

Sorbus aucuparia 127

Sorte 42

Splitt 29

Stachelbeeren 49, 76,
   109

Stachelbeersorten 76, 77

Standortbedingungen 8

Stecklinge 143

Steinobst 52, 92

Stellplan 13

Stickstoff 32

– -mangel 139

Stockwerkanbau 12

Stroh 29

Substrat 17, 18, 19

– auffrischen 136

– austauschen 136, 137

Süßkirschensorten 64

Symphoricarpos albus var. *laevigatus*
   127

T

Teilung, Vermehrung durch
   143

Terrakottatöpfe 21

Terrassenanbau 10

Thai-Basilikum 125

Tier- und Insektenparadies
   (Balkonwelten) 126

Traglast 11

Triebverlängerung (Säulenobst)
   45

Trio-Obstbäume 44

U

U-Form-Säulen 45, 98

Unterpflanzung 103, 104

V

Vanilleblume 125

Vlies 16

Vogelbad 130

Vogelbeere 127

Vogelfütterung 130

Vogelschutznetze 16, 127

W

Wasserabzugslöcher 20

Wassermelone, Mini- 84, 119

Wasserspeicherkästen 20

Wassertränke 129

Weidenkörbe 21

Weinstock, Weinrebe 46, 50, 67, 98,
   101, 119

Weintraubensorten 69

Werkzeug 16

Wetterschutz 141

Winterquartier 152

Winterschutz 148

Wunschliste 13

Wurmkompost 19, 35

Wurzelnackte 26

Z

Zeitaufwand 12

Zierlauch 129

Ziersüßkartoffel 125

Zinkgefäße 21

Zitronat-Zitrone 'Buddhas Hand'
   87, 125

Zitronengras, Echtes 125

Zitronenlimo (Rezept) 121

Zitronenmelisse 93

Zitronenverbene 93

Zitrusobst 86, 118, 124

Zitrussorten 87

Zuschlagstoffe 19

Zwergobstbäumchen 42

– schneiden 47

Zwetschgensorten 58

Zwiebelpflanzen (Unterpflanzung)
   104, 146

ADRESSEN, DIE WEITERHELFEN

BÄUME, STRÄUCHER, NASCHOBST

Ahrens+Sieberz Gartenversand
geprüfter Online-Shop
info@as-garten.de

BrazelBerry®
gibt es bundesweit in vielen Fachgartencentern und Qualitätsbaumärkten. Weitere Informationen und einen Händler finden Sie unter:
https://www.brazelberry.de/haendlersuche

Baumschule Horstmann GmbH & Co. KG
Schäferkoppel 3
25560 Schenefeld (Mittelholstein)
info@baumschule-horstmann.de
www.baumschule-horstmann.de

Gartencenter Seebauer KG
Ottobrunner Straße 61
81737 München
info@gartencenter-seebauer.de
www.gartencenter-seebauer.de

Grüner Garten Shop
Bielefelder Straße 206
32758 Detmold
www.gruener-garten-shop.de
info@gruener-garten-shop.de

Garten Schlüter Pflanzenversand
Gustav Schlüter GmbH
Bahnhofstraße 5
25335 Bokholt-Hanredder
service@garten-schlueter.de
www.garten-schlueter.de

Häberli-Sortiment:
Häberli Fruchtpflanzen AG

Stocken, CH-9315 Neukirch-Egnach
info@haeberli-beeren.ch
https://www.haeberli-beeren.ch

Nr-01.de – Pflanzen-Online-Shop
Diekweg 7b
26160 Bad Zwischenahn
www.nr-01.de
info@nr-01.de

Lubera-Sortiment (Lowberry):
Pflanzenversand und Gartenversand Lubera
https://www.lubera.com/de/

Schlegel & Co. Gartenprodukte GmbH
Robert-Bosch-Straße 20/1
88499 Riedlingen
info@gartencenter-shop24.de
www.gartencenter-shop24.de

Volmary-Sortiment:
Gartenfachhandel und im Versand auf www.volmary.de

BEWÄSSERUNGSSYSTEME

aquatechnik Beregnungsanlagen
Manotura GmbH & Co. KG
Prozessionsweg 38
48493 Wettringen
www.aquatechnik.com

Beregnungsparadies
Equipagenweg 21–23
04416 Markkleeberg bei Leipzig
www.beregnungsparadies.de

GARDENA GmbH
Hans-Lorenser-Straße 40
89079 Ulm
www.gardena.com

NÜTZLICHES ZUBEHÖR

Garten und Gabel
(Pflanztaschen, Growing-Bags und Pflanz-gefäße sowie andere nützliche Accessoires für Balkongärtner)
Lassdrift 1a
21129 Hamburg
www.gartenundgabel.com

Wurmwelten.de
(Wurmkomposter)
Warteweg 50
37627 Stadtoldendorf
www.wurmwelten.de

nuetzlinge.de
(Online-Versand von Nützlingen und Kompostwürmern)
SAUTTER & STEPPER GmbH
Rosenstraße 19
D-72119 Ammerbuch
www.nuetzlinge-shop.de

bundladen.de
(Nisthilfen für Vögel, Insekten und Fledermäuse)
»Natur & Umwelt« Service- und Verlags GmbH
Kaiserin-Augusta-Allee 5
10553 Berlin
www.bundladen.de/Tierwelt/Insekten

Vivara.de – Naturschutzprodukte
(umfangreiches Angebot zur Unterstützung von Vögeln und anderen Gartentieren)
Kaiserswerther Straße 115
40880 Ratingen
www.vivara.de

Hersteller der Kokos-Mulchscheibe Cocodisk:
Windhager Handelsgesellschaft m.b.H.
Industriestraße 2
A-5303 Thalgau
www.windhager.eu"

BÜCHER, DIE WEITERHELFEN

Baumjohann Dorothea, **Gärtnern in Sack, Box & Co,** BLV, München

Baumjohann Dorothea, **Kistengärtnern,** BLV, München

Breckwoldt Michael, Baumjohann Dorothea, **Ernteglück auch ohne Garten,** Gräfe und Unzer Verlag, München

Breckwoldt Michael, **Selbstversorger-Balkon: Das Monat-für-Monat-Konzept,** BLV, München

Germain Lydia, Rimpau Jasper, **Kompost aus der Kiste: Wurmkisten für den Hausgebrauch selbst bauen,** Verlag Eugen Ulmer, Stuttgart

Heistinger Andrea, Arche Noah, **Handbuch Bio-Balkongarten,** Verlag Eugen Ulmer, Stuttgart

Herr Esther, **Selbstversorgung auf kleinstem Raum,** Gräfe und Unzer Verlag, München

Koch Robert, **Gärtnern auf Balkon und Terrasse,** Franckh Kosmos Verlag, Stuttgart

Mecklenburg Elisabeth, **Mein Nasch-Balkon / Sonderedition**

Elisabeth Mecklenburg, **Wurmkompost auf dem Balkon produzieren**

Schacht Mascha, **Balkon Basics: Stadtgärtnern für Anfänger,** Gräfe und Unzer Verlag, München

BILDNACHWEIS

DIE AUTORIN

Elisabeth Mecklenburgs Leidenschaft gilt ihrem Naschbalkon und dem Schreiben: Mit ihrem über viele Jahre gewachsenen Wissen zum Anbau von Obst und Gemüse in Gefäßen begeistert sie auf ihrem Blog und in ihren Büchern seit 2013 ihre Leser für das Gärtnern auch auf kleinstem Raum.

Sie zeigt, wie einfach, schön und vielfältig das Gärtnern auch ohne Garten geht, Tierschutz, Artenvielfalt und Nachhaltigkeit liegen ihr dabei besonders am Herzen.

Webseiten der Autorin:

www.elisabethmecklenburg.com
www.mein-nasch-balkon.de
www.geld-verdienen-im-home-office.de

IMPRESSUM

© 2021 GRÄFE UND UNZER VERLAG GmbH,
Postfach 860366, 81630 München

GU ist eine eingetragene Marke der GRÄFE
UND UNZER VERLAG GmbH, www.gu.de

ISBN 978-3-8338-7708-7

1. Auflage 2021

Projektleitung: Sonja Forster
Lektorat: Dr. Stefanie Gronau
Korrektorat: Andrea Lazarovici
Bildredaktion: Hannah Crawford,
Natascha Klebl (Cover)
Innen- und Umschlaggestaltung: independent
Medien-Design, Horst Moser, München
Herstellung: Susanne Fuhrmann
Satz: Ludger Vorfeld, München
Herstellung: Susanne Fuhrmann
Reproduktion: Longo AG, Bozen
Druck und Bindung: Firmengruppe APPL,
aprinta druck, Wemding
Printed in Germany

Die GU-Homepage finden Sie unter www.gu.de

WICHTIGER HINWEIS

Das vorliegende Buch wurde sorgfältig erarbeitet.
Die Inhalte wurden nach bestem Wissen erstellt
und mit größtmöglicher Sorgfalt geprüft.
Dennoch können weder Autorin noch Verlag
für eventuelle Nachteile, die aus den im Buch
gegebenen Hinweisen resultieren, eine Haftung
übernehmen.

LIEBE LESERINNEN UND LESER,

wir wollen Ihnen mit diesem Buch Informationen und Anregungen geben, um Ihnen das
Leben zu erleichtern oder Sie zu inspirieren,
Neues auszuprobieren. Wir achten bei der
Erstellung unserer Bücher auf Aktualität und
stellen höchste Ansprüche an Inhalt und
Gestaltung. Alle Anleitungen und Rezepte
werden von unseren Autoren, jeweils Experten
auf ihren Gebieten, gewissenhaft erstellt und
von unseren Redakteuren/innen mit größter
Sorgfalt ausgewählt und geprüft.

Haben wir Ihre Erwartungen erfüllt? Sind
Sie mit diesem Buch und seinen Inhalten
zufrieden? Wir freuen uns auf Ihre Rückmel-
dung. Und wir freuen uns, wenn Sie diesen
Titel weiterempfehlen, in Ihrem Freundeskreis
oder bei Ihrem online-Kauf.

Sollten wir Ihre Erwartungen so gar nicht
erfüllt haben, tauschen wir Ihnen Ihr Buch
jederzeit gegen ein gleichwertiges zum
gleichen oder ähnlichen Thema um.

KONTAKT ZUM LESERSERVICE

GRÄFE UND UNZER VERLAG
Grillparzerstraße 12
81675 München
www.gu.de

 www.facebook.com/gu.verlag

GRÄFE
UND
UNZER

Ein Unternehmen der
GANSKE VERLAGSGRUPPE